<그리스도인이면 꼭 알아야 할 성경 지식>

성경의 신비들

서울솔로몬학교 성경연수원

차 례

이 책에 인용된 성경 구절은 〈한글킹제임스성경〉입니다.

제1과
하나님의 신비들을 맡은 청지기

『그러므로 사람들이 우리를 그리스도의 일꾼이며 하나님의 신비들을 맡은 청지기로 여기게 하라』(고전 4:1).

신비란 무엇인가?

"신비"(mystery)는 "비밀"(secret)이 아니다. "비밀"은 꼭꼭 감추어야 하지만, "신비"는 때가 되면 계시하고 전파해야 하기 때문이다. 클라렌스 라킨은 신비에 대해 이렇게 말했다. "신약성경에서 '신비'는 아무도 이해할 수 없는 어떤 것이 아니라, 태초부터 오직 하나님만 알고 계셨던바 그분의 목적과 계획에 따른 진리로서, 그분께서 계시하는 때가 오기 전까지는 인간의 지식에서 보류되었다." **즉 때가 되면 계시가 되는 것이 "신비"인 것이다.** 구원파의 박옥수 목사는 〈죄 사함 거듭남의 비밀〉이란 책을 썼다. 이보다 더 어리석은 말도 없다! 죄 사함이 왜 비밀인가? 거듭남이 왜 비밀이어야 하는가? 죄 사함과 거듭남의 진리를 "비밀"로 감추어 버린다면 어느 누가 구원받을 수 있겠는가?

성경에서 "신비"는 전에는 감추어졌으나 이제는 하나님께서 밝히 드러내 주신 어떤 진리를 가리킨다. 하지만 그 안에 있는 "초자연적인 요소들"은 그 신비가 드러났음에도 불구하고 여전히 남아 있는데, 이는 성경이 이해한 후에 믿는 책이 아니라, 먼저 믿음으로 받아들여야 하는 책이기 때문이다. 성경에는 다양한 "하나님의 신비들"이 기록되어 있는데, 하나님께서는 이 신비들을 그리스도의 일꾼들에게 맡기셨다. 하지만 영으로 "신비들"(고전 14:2)을 말하고 모든 신비를 잘 안다 해도 사랑이 없으면 아무런 소용이 없음을 기억해야 한다(고전 13:2).

다양한 하나님의 신비들

〈한글킹제임스성경〉에서 "신비"란 단어는 오직 신약에만 나오며, 28개 구절에서 총 31회 나온다. "일곱 개의 신비"를 위시하여 모두 "열다섯 개의 신비"가 나오는데, 시대 순서로 배열하면 아래와 같다.

경륜	신비의 종류	의미	성경 구절
초림	1. 경건의 신비	하나님께서 인간의 육신을 입고 나타나심(성육신의 신비) [아버지의 신비(골 2:2)]	딤전 3:16
교회 시대	2. 복음의 신비	예수 그리스도의 죽음과 장사와 부활	엡 6:19 고전 2:7
	3. 성도들 안에 거하시는 예수 그리스도	예수 그리스도께서 성령님을 통해 그리스도인들의 몸을 성전 삼아 그 안에 내주하심(내주하시는 신비)	골 1:26,27 갈 2:20
	4. 그리스도의 몸 안에서 유대인과 이방인의 연합	구원받은 유대인과 이방인이 그리스도 안에서 한 몸을 이룸 [그리스도의 신비(골 2:2; 4:3,4), 신비의 교제(엡 3:9)]	엡 3:1-12 롬 16:25,26
	5. 믿음의 신비	하나님의 말씀을 모두 있는 그대로 믿음	딤전 3:9
	6. 일곱 별과 일곱 금촛대 신비	일곱 교회에 관한 신비	계 1:20; 2:1-3:22
	7. 천국의 신비	교회 시대에 신비적인 형태로 감추어진 천국의 모습 [12가지 천국의 비유들 (마 13,18,20,22,25장)]	마 13:1-52
	8. 하나님의 나라의 신비	교회 시대에 나타나는 영적인 하나님의 나라의 모습	막 4:1-34 눅 8:4-18; 13:18-21

경륜	신비의 종류	의미	성경 구절
교회 시대	9. 교회의 휴거의 신비	예수 그리스도께서 공중으로 오실 때 그리스도인들이 휴거됨	고전 15:51-56 살전 4:13-18 요 11:25,26
환란 시대	10. 불법의 신비	사탄이 적그리스도로 육화한 신비 [짐승의 신비(계 17:7)]	살후 2:2-8
	11. 큰 바빌론의 신비	성도들의 피에 취해 있는 로마카톨릭에 관한 신비 [여자의 신비(계 17:7)]	계 17:5
	12. 그리스도와 신부인 교회	예수 그리스도와 그분의 신부인 교회	엡 5:23-32 계 19:7-9; 21:9,10
재림	13. 하나님의 신비	하나님이신 예수 그리스도께서 세상을 통치하시기 위해 재림하심	골 2:2, 계 10:7; 11:15
	14. 이스라엘의 회복	메시아를 거부했던 완고한 이스라엘이 민족적으로 구원받고 회복됨	롬 11:25,26
왕국 영원	15. 만물의 회복	때가 찬 경륜 안에서 만물을 그리스도 안에서 하나로 함께 모으심	엡 1:9,10, 행 3:19-21

신비들을 맡은 청지기

『그러므로 사람들이 우리를 그리스도의 일꾼이며 하나님의 신비들을 맡은 청지기로 여기게 하라. 청지기에게 요청되는 것은 무엇보다도 신실한 사람으로 발견되는 것이라』(고전 4:1,2).

"청지기"(Steward)는 성경에 등장하는 100여 개의 천직 가운데 하나이다. 히브리어로는 그 뜻이 "달리는 종"이며, 이는 "먼지 속을 달리는 자"라는 의미를 지닌 "집사"와 잘 어울린다. **청지기는 기본적으로 주인의 재산과 소유를 관리하고(대상 28:1), 주인의 집안을 경영하고 돌보는(창 15:2; 44:1) 사람이다**. 따라서 아무나 청지기로 세울 수 없으며, 반드시 믿고 맡길 만한 사람을 세워야 한다. 주인의 이러한 신임에 부응하여 청지기는 "신실하고 현명하게" 행동해야 하고(눅 12:42), "선할" 뿐만 아니라(벧전 4:10) "지극히 작은 일"에도 "신실해야" 한다(눅 16:10). 그렇게 할 때 주인은 그 청지기에게 더 크고 중요한 일을 맡길 수 있다(눅 16:10). **그래서 청지기에게 요청되는 가장 큰 덕목은 "신실함"이다(고전 4:2)**. 신실한 일꾼으로는 사도 바울을 따라갈 사람이 없는데, 이에 신실하신 하나님께서는 바울을 신실하게 여기셔서 그에게 위대한 직분을 맡겨 주셨다(딤전 1:12).

교회 시대에는 "목사"(감독, 장로)가 "하나님의 청지기"로 불린다(딛 1:7). 그래서 하나님께서 맡기신 양 무리를 치고 돌보아야 할(벧전 5:2,3) 목자는 이 땅에 있는 "하나님의 집," 곧 『**살아 계신 하나님의 교회요, 진리의 기둥과 터전**』(딤전 3:15)을 돌보아야 할 책임과 "하나님의 신비들"(고전 4:1) 및 "하나님의 다양한 은혜"(벧전 4:10)를 떠맡게 된다. 좀 더 넓은 의미로 보면 예수 그리스도를 믿고 구원받은 모든 성도는 "선한 청지기"(벧전 4:10)로서 주님을 섬기고 있다. 그래서 자신이 주님 앞에 신실한 사람으로 발견될 수 있도록 항상 자신을 돌아볼 수 있어야 한다.

> 언젠가 조지 뮬러는 자신의 일기장에 아래와 같이 기록했다. "세상적인 면에서든 영적인 면에서든, 어떤 방식으로든지 하나님께서 우리 그리스도인들을 그분의 청지기로 삼으실 때, 우리가 '주인'으로서가 아니라 진정한 '종'으로서 일한다면 하나님께서는 우리를 더욱더 '신실한 청지기'로 삼으실 것이다." 하나님 앞에서 자기 소유를 주장하고 내

세울 때, 바로 거기에서 불행이 시작된다. 청지기의 자리에서 하나님께서 맡기신 자원을 감사함으로 누리고, 그 자원을 지키고 효과적으로 활용하는 것이 청지기 본연의 임무임을 항상 유념할 때, 행복한 가운데 청지기로서의 사명을 잘 감당할 수 있을 것이다.

그런데 청지기의 "신실함의 여부"는 인간의 판단에 따라 결정되는 게 아니다. 이는 인간의 판단에 의해 판단 받는 것이 매우 하찮은 일이기 때문이다(고전 4:3). 우리는 다른 사람이 얼마나 신실한지 알 수 없을 뿐만 아니라, 자신의 신실함에 대해서도 제대로 알지 못한다. 바울 자신도 사람들이 자기를 판단하는 것에 대해 전혀 신경 쓰지 않았고 자신마저도 스스로 판단하려고 하지 않았다. 그래서 사람들을 의식할 필요가 전혀 없는 것이다.

청지기의 신실함을 판단하시는 분은 주 하나님이시다(고전 4:4). 따라서 그 때가 이르기 전, 곧 주님께서 오셔서 어두움에 감추어진 것들에 빛을 비추시고 마음의 의도들을 나타내시기 전까지는 아무것도 판단하지 말아야 한다(고전 5:5). 이러한 판단은 "그리스도의 심판석"에서 행해질 일이다. 그날에 하나님께서는 모든 청지기에게 그들이 "하나님의 신비들을 맡은 청지기"로서 얼마나 신실하게 임무를 수행했는지 보여 주실 것이다. 또한 "어떤 동기"로 청지기의 직분을 다했는지 그 마음의 의도들도 직접 드러내실 것이다. 따라서 우리는 주님을 위해 일할 때, 주님을 진정으로 사랑하고 주님을 섬기고자 하는 순수한 마음과 동기에서 출발했어도, 마귀가 중간에 끼어들어 우리의 생각을 혼미케 함으로써 모든 것을 엉망으로 만들어 버릴 수 있다는 사실을 유념해야 한다. 그리스도의 심판석에서 자칫 낭패를 보지 않기 위해서는, 무슨 일을 하든지 그것이 과연 하나님의 뜻인지, 그리고 하나님께서 기뻐하시는 선한 일인지를 놓고 일일이 하나님께 확인받으며 기도하기를 그치지 말아야 한다.

그리스도의 심판석에 서는 날 불로 모든 것을 태울 때, 감추어졌던 모든 동

기와 행실들이 적나라하게 드러날 것이다. 그때야 비로소 하나님께 칭찬받는 사람들이 있게 될 것이다(고전 4:5). 기왕에 하나님의 청지기로 부름을 받았다면, 하나님의 말씀인 "성경"대로 올바른 동기를 가지고 올바르게 실행함으로써 사람이 아닌 하나님께 칭찬받는 일꾼이 될 수 있도록 노력해야 한다.

■ 새롭게 깨달았거나 적용할 내용이 있다면 적어 보세요. ■

제1과
복습문제

1. 『그러므로 사람들이 우리를 그리스도의 일꾼이며 ( )들을 맡은 청지기로 여기게 하라. 청지기에게 요청되는 것은 무엇보다도 신실한 사람으로 발견되는 것이라』(고전 4:1,2).

2. 신비와 비밀은 같다. (O , X)

3. "신약성경에서 ( )는 아무도 이해할 수 없는 어떤 것이 아니라, 태초부터 오직 하나님만 알고 계셨던바 그분의 목적과 계획에 따른 진리로서, 그분께서 계시하는 때가 오기 전까지는 인간의 지식에서 보류되었다."

4. ( )는 기본적으로 주인의 재산과 소유를 관리하고(대상 28:1), 주인의 집안을 경영하고 돌보는(창 15:2; 44:1) 사람이다.

5. 청지기에게 요청되는 가장 큰 덕목은 ( )이다(고전 4:2).

6. 청지기의 "신실함의 여부"를 판단하시는 분은 주 하나님이시다. (O , X)

■ 복습 문제의 정답은 홈페이지(www.solomonbtc.org)에서 확인할 수 있습니다.

NOTES

NOTES

제2과

하나님과 아버지와 그리스도의 신비

『이는 그들의 마음이 위로를 받고 사랑으로 엮어져서 완전한 이해의 확신이 모든 풍요함에 이르러 하나님과 아버지와 그리스도의 신비의 지식에 이르게 하려 함이라』(골 2:2).

하나님과 아버지와 그리스도의 신비(골 2:2)

〈한글킹제임스성경〉의 "신비"라는 단어를, 개역성경은 모두 "비밀"로 변개시켰고, 개역개정판 역시 두 번만 제외하고는 모든 신비를 비밀에 부쳐 버렸다. 이로 인해 그들은 하나님의 신비들을 전혀 깨닫지 못한다. 『**조롱하는 자는 지혜를 구하여도 얻지 못하나, 깨닫는 자에게는 지식이 쉬우니라**』(잠 14:6). 그들은 하나님께서 분명하게 계시하신 "신비"를 그들 스스로 "비밀"로 봉인해 버리고는 『**봉인되어 있으니 읽을 수 없노라.**』(사 29:11)라고 푸념하는 어리석은 군상들이다.

하나님께서는 거듭난 성도들이 예수 그리스도 안에 감춰진 지혜와 지식의 보화를(골 2:3) 풍성하게 캐내기 원하신다. 특히 『**그들의 마음이 위로를 받고 사랑으로 엮어져서 완전한 이해의 확신이 모든 풍요함에 이르러 하나님과 아버지와 그리스도의 신비의 지식에**』(골 2:2) 이르기를 원하시는 것이다. 하지만 사탄은 이 일을 방해하고 있다. 변개된 개역성경과 개역개정판을 통해 상당한 재미를 보고 있는 것인데, 너무나 열악한 이 번역본들은 『**하나님과 아버지와 그리스도의 신비**』, 곧 이 세 가지 신비를 "하나님의 비밀이신 그리스도"로 변개시켰다. 어째서 구주이신 예수 그리스도께서 비밀이 되셔야 하는가? 예수님께서 비밀이시라면 어떻게 그분을 믿고 구원받을 수 있는가? 예수님을 비밀이라고 여기는 자들은 구원받지 못한 자들이다!

1. 하나님의 신비 : "지상 재림"(계 10:6,7; 11:15)

> 『하늘과 그 안에 있는 것들과 땅과 그 안에 있는 것들과 바다와 그 안에 있는 것들을 창조하신 영원무궁토록 살아 계신 그분을 두고 맹세하기를 "더 이상 지체하지 않을 것이라. 일곱째 천사가 소리를 내는 날들에 그가 나팔을 불게 되리니, 그때에 하나님의 신비가 그분께서 자기의 종들인 선지자들에게 선포하신 것과 같이 이루어질 것이라."고 하더라』(계 10:6,7).

➠ "하나님의 신비"는 이 땅을 문자 그대로 통치하시기 위해 실제로 내려오시는 "지상 재림"을 의미하는 신비다. 왜냐하면 "일곱째 천사"가 나팔을 불 때, "하나님의 신비"가 성취되기 때문인데, 실제로 그 나팔이 울려 퍼지는 날 하늘에서는 『**이 세상의 나라들이 우리 주와 그의 그리스도의 왕국들이 되어서 그분이 영원무궁토록 통치하시리라**[재림]』(계 11:15)라는 큰 음성들이 들리는 것이다.

2. 아버지의 신비 : "경건의 신비"(사 9:6, 딤전 3:16)

> 『이는 우리에게 한 아이가 태어났고 우리에게 한 아들이 주어졌음이니, 정부가 그의 어깨 위에 있을 것이요, 그의 이름은 경이로운 분이라, 상담자라, 능하신 하나님이라, 영원하신 아버지라, 화평의 통치자라 불리리라』(사 9:6).

➠ 위 구절에 의하면 "한 아들"이 주어졌는데, 그는 "아들"이면서도 동시에 "영원하신 아버지"로도 불린다. 이것이 바로 "아버지의 신비"인데, 이러

한 신비가 가능해지기 위해서는 "**하나님께서 이 땅에 육신을 입고 나타나셔야 한다.**" 그래서 "아버지의 신비"는 "**경건의 신비**" 또는 "**성육신의 신비**"로도 불린다. 『**경건의 신비는 논쟁의 여지없이 위대하도다. 하나님께서는 육신으로 나타나셨고 성령으로 의롭게 되셨으며, 천사들에게 보이셨고 이방인들에게 전파되셨으며, 세상에서 믿은 바 되셨고 영광 가운데로 들려 올라가셨음이라**』(딤전 3:16). 이렇듯 이방인들에게 공개적으로 전파되고 세상에서 믿은 바 된 신비이기에, 변개된 개역성경처럼 "경건의 비밀"이 되어서는 안 된다. 이것이 비밀이라면 우리는 결코 예수님을 구주로 믿을 수 없었을 것이다!

3. 그리스도의 신비 : "그리스도의 몸 안에서 유대인과 이방인의 연합"(엡 3:1-12, 골 4:3,4)

『이것은 그분이 계시로 내게 신비를 알게 하신 것이며 (내가 전에 간략하게 쓴 것과 같으니 너희가 읽을 때 거기서 그리스도의 신비 안에 있는 나의 지식을 이해하게 되리라.) 그것이 성령으로 그의 거룩한 사도들과 선지자들에게 지금 계시된 것처럼 다른 시대들에서는 사람들의 아들들에게 알려지지 아니하였으니 이는 이방인들이 복음을 통하여 그리스도 안에서 공동 상속자가 되고 한 몸이 되며 그의 약속에 동참자가 된다는 것이니라』(엡 3:3-6).

➡ "**그리스도의 신비**"는 "**이방인들이 복음을 통해 그리스도 안에서 공동 상속자가 되고 한 몸이 되며 그분의 약속에 동참자가 된다는 신비**"이다. 그 결과 예수 그리스도 안에 있는 모든 성도가 믿음으로 담대함과 확신을 가지고 하나님께 나아가 주님과 "신비의 교제"(엡 3:9)를 나누게 된다.

복음의 신비와 믿음의 신비

1. 복음의 신비(엡 6:19, 고전 2:7) : "예수 그리스도의 죽음, 장사, 부활"

『그리고 나를 위하여서는 내게 말씀을 주시어 내 입을 열어 담대하게 복음의 신비를 알리게 하도록 기도하라. 이를 위하여 내가 사슬에 묶인 대사가 된 것은 나로 하여금 마땅히 할 말을 담대히 하게 하려는 것이니라』(엡 6:19,20).

➡ "복음의 신비"는 "**예수 그리스도의 죽음, 장사, 부활**"(고전 15:1-6)을 의미하는 신비다. 특히 이 『**신비 속에 있는 하나님의 지혜**』(고전 2:7)이신 예수 그리스도께서(고전 1:24) 십자가에 못 박혀 죽으셨다는 사실이 유대인들에게는 거치는 것이 되고 헬라인들에게는 어리석은 것이 되지만(고전 1:23), 하나님께서는 "하나님의 어리석음"이 사람들보다 더 지혜롭고 "하나님의 연약함"이 사람들보다 더 강하다고 말씀하신다(고전 1:18-25).

2. 믿음의 신비 : "말씀을 믿는 믿음 그 자체"(딤전 3:9)

『이와 같이 집사들도 신중하고, 일구이언하지 아니하며, 술에 인박이지 아니하고, 더러운 이익을 탐내지 아니하며 순수한 양심 안에 믿음의 신비를 가진 사람이어야 하느니라』(딤전 3:8,9).

➡ "믿음의 신비"는 "**하나님의 말씀을 모두 믿을 수 있고, 또 믿고 있는 그 자**

체"를 의미하는 신비인데, 실제로 세상이 보기에는 하나님의 말씀을 모두 믿을 수 있다는 것 자체가 매우 "신비로운 일"인 것이다(cf. 벧전 1:8,9).

만물이 회복되는 신비

『그의 기쁘심을 따라 자기 안에서 계획하신 바 그의 뜻의 신비를 우리에게 알게 하셨으니 이는 때가 찬 경륜 안에서 하늘에 있는 것들이나 땅에 있는 것들이나 자신 안에 있는 것들까지도 만물을 그리스도 안에서 하나로 함께 모으려는 것이니라』(엡 1:9,10).

➡ 이 신비는 "**때가 찬 경륜 안에서 만물을 그리스도 안에서 하나로 함께 모으는 신비**"를 의미한다. 여기서 "**때가 찬 경륜**"은 "영원이 시작되는 때"로서 "**만물이 회복되는 때**"이다. 『**하늘은 만물이 회복될 때까지 그분을 마땅히 받아들여야 하나니 이는 하나님께서 세상이 시작된 이래로 이 일에 관하여 그의 모든 거룩한 선지자들의 입을 통하여 말씀하신 바니라**』(행 3:21). "만물이 회복되는 때"는 예수 그리스도의 재림과(행 3:19) 더불어 "왕국 시대의 경륜"부터 시작되고, "때가 찬 경륜"으로 이어진다. 이때 모든 만물이 그리스도 안에서 하나로 함께 모일 것인데, 주님께서는 하늘에 있는 것들이나 땅에 있는 것들이나 심지어 자신 안에 있는 것들까지도 만물을 "그리스도 안"에서 하나로 함께 모으실 것이다(엡 1:10). 그렇게 모으실 때 만물은 하나님께 복종할 것이고 하나님께서는 만물 안에서 모든 것이 되실 것이다. 『**만물이 그분께 복종할 때에 그때 아들 자신도 만물을 자기에게 복종케 하신 그분께 복종하시리니 이는 하나님께서 만물 안에서 모든 것이 되시려 하심이라**』(고전 15:28).

일곱 별과 일곱 금촛대의 신비

『네가 본 것은 나의 오른손 위의 일곱 별과 일곱 금촛대의 신비라. 일곱 별은 일곱 교회의 천사들이요, 네가 본 일곱 촛대는 일곱 교회라』(계 1:20).

➡ 이것은 "**일곱 교회에 관한 신비**"를 말하는데, "**역사적으로는**" 요한계시록이 기록될 당시에 있었던 실제 교회들에 보내는 권면에 해당하고, "**교리적으로는**" 환란 시대에 처한 교회들이 믿고 실행해야 할 환란 시대의 교리들을 알려 주고 있으며, "**영적으로는**" 2천 년 교회사의 "**일곱 개의 교회 시대**"를 보여 주고 있는 것이다. 특히 각 교회와 교회 시대의 영적 상황들을 그 교회들을 대표하는 "일곱 천사"를 통해 보여 주고 있다.

일곱 교회 시대	이름의 뜻	성경 본문 [기간(A.D.)]	시대를 특징짓는 주요 내용	성경대로 믿는 그룹
에베소 (Ephesus)	온전히 목적된	2:1-7 [30-100]	사도들의 시대, 성경의 기록, 교회의 시작과 형성	사도들
스머나 (Smyrna)	몰약	2:8-11 [100-325 (313)]	교부들의 시대, 로마 제국에 의한 박해의 기간, 거짓 교리들이 준비됨	몬타니스트, 노바티안
퍼가모 (Pergamos)	순한 결혼	2:12-17 [325(313) -500]	기독교 공인, 가짜 교회의 등장, 로마카톨릭이 준비되고 형성되는 기간	도나티스트

일곱 교회 시대	이름의 뜻	성경 본문 [기간(A.D.)]	시대를 특징짓는 주요 내용	성경대로 믿는 그룹
두아디라 (Thyatira)	고통의 향기	2:18-29 [500-1000]	[암흑 시대] 교황 제도에 입각한 로마카톨릭(교황)의 본격적인 등장	폴리시안
사데 (Sardis)	붉은 자들	3:1-6 [1000-1500]	[암흑 시대] 로마카톨릭 교회(교황)의 절정과 쇠퇴	왈덴시안
필라델피아 (Philadelphia)	형제의 사랑	3:7-13 [1500-1900]	종교 개혁 및 부흥의 시대	재침례교도
라오디케아 (Laodicea)	시민의 권리	3:14-22 [1900-휴거]	배교의 시대	성경대로 믿는 사람들

1. "밤의 네 경점"으로 구분해 본 교회 시대(막 13:35)

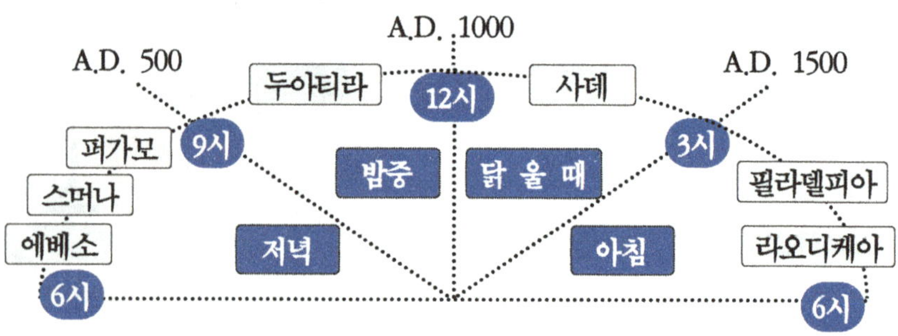

2. "낮에 일하는 관점"으로 구분해 본 교회 시대(마 20:1-16, cf. 마 21:33-46)

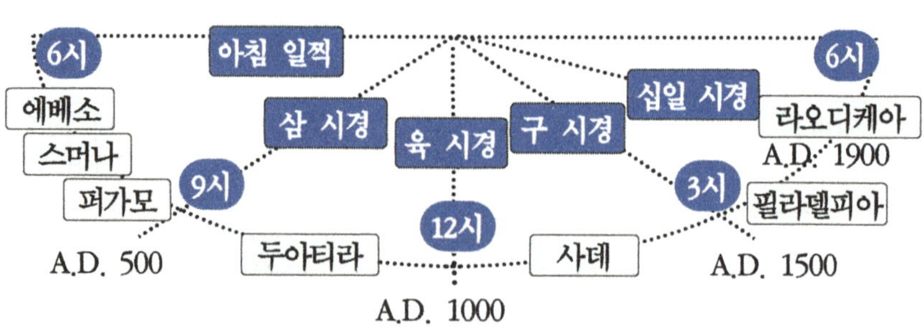

제2과
복습문제

1. "하나님의 신비"는 "경건의 신비"이다. (O , X)

2. "아버지의 신비"는 "경건의 신비"이다. (O , X)

3. "그리스도의 신비"는 유대인과 이방인이 그리스도 안에서 한 몸을 이루는 신비이다. (O , X)

4. "믿음의 신비"는 예수 그리스도의 죽음과 장사와 부활을 의미한다. (O , X)

5. "만물이 회복되는 신비"는 "때가 찬 경륜"과 연관된 신비로서 "하나님의 7일간의 재창조"를 의미한다. (O , X)

6. 『네가 본 것은 나의 오른손 위의 일곱 별과 일곱 금촛대의 신비라. 일곱 별은 일곱 교회의 (   )들이요, 네가 본 일곱 촛대는 일곱 (   )라』(계 1:20).

■ 복습 문제의 정답은 홈페이지(www.solomonbtc.org)에서 확인할 수 있습니다.

NOTES

NOTES

NOTES

제3과
하나님의 경륜을 통해 본 일곱 신비

『다만 우리가 신비 속에 있는 하나님의 지혜를 말하노니 이는 하나님께서 세상 전에 우리의 영광을 위하여 미리 정하신 감추어진 지혜니라』(고전 2:7).

경륜을 통해 본 일곱 신비

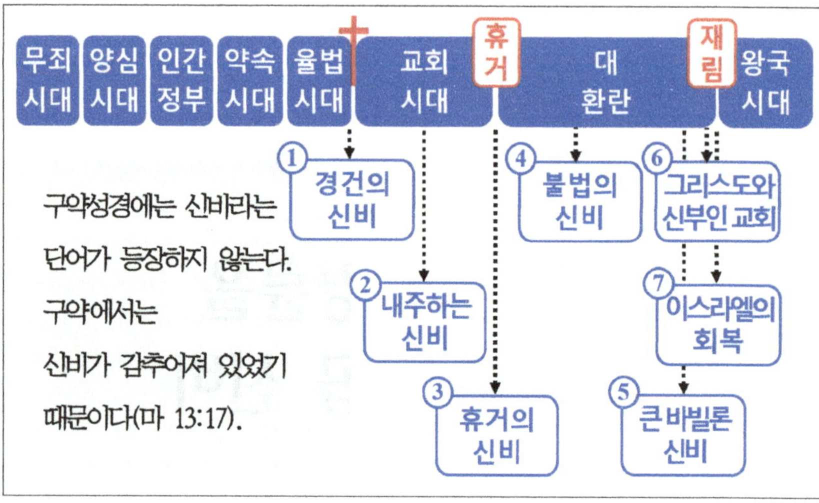

경건의 신비

『경건의 신비는 논쟁의 여지없이 위대하도다. 하나님께서는 육신으로 나타나셨고 성령으로 의롭게 되셨으며, 천사들에게 보이셨고 이방인들에게 전파되셨으며, 세상에서 믿은 바 되셨고 영광 가운데로 들려 올라가셨음이라』(엡 1:9,10).

➠ "<u>경건의 신비</u>"는 "<u>하나님께서 육신의 몸을 입고 나타나신 신비</u>"(성육신의 신비)로서 "동정녀 탄생" 및 "예수 그리스도의 신성"과 밀접한 관련이 있다. 즉 예수 그리스도께서는 육신으로 나타나신 "하나님"이신데, 이로 인해 주님께

서 빌립에게 『**나를 본 자는 아버지를 보았느니라.**』(요 14:9)라고 말씀하신 것이다. **그렇다면 하나님께서 육신으로 나타나신 사실이 왜 신비인가?** 그것은 인간의 말과 이성으로 설명하려 해도 설명할 수 없기 때문이다. 예수님께서는 다른 아이들과 마찬가지로 유아 시절과 어린 시절을 보내셨다(눅 2:52). 예수님께서 이 땅에 태어나셨을 때 아기로 오셨고 한 여인이 그분을 돌보아야 했다. 먹이고, 씻기고, 기저귀를 가는 등의 일들을 해야 했던 것이다. "하나님을 씻기는 여인을 상상해 보라!" 그런 위치에 놓여 있는 하나님의 모습을 상상해 보라! **이것은 인간의 말로 설명할 수 없는 신비다**.

성도들 안에 내주하시는 예수 그리스도

『하나님께서는 이들에게 이방인들 가운데서 이 신비의 영광의 풍요함이 어떠한지를 알리고자 하셨으니 이 신비는 너희 안에 계신 그리스도시요, 곧 영광의 소망이라』(골 1:27).

➡ 두 번째 신비는 "**구원받은 그리스도인들 안에 내주하시는 예수 그리스도**"이다. 이것은 마치 "**질그릇 안에 보물을 간직하고 있는 것**"(고후 4:7)과 똑같다. **그렇다면 이것이 왜 신비인가?** 우선 모든 그리스도인 안에 "동시에" 내주하고 계시기 때문이다. 또한 죄 없으신 구주이시자 하나님이신 예수 그리스도께서 낡고 연약하고 더러우며 종국에는 흙으로 돌아갈 죽고 썩어 없어질 육신의 몸 안에 들어와 계시기 때문이다. **죄 없으신 예수 그리스도께서 "죄인"(구원받은 죄인) 안에 계시면서 참으셔야만 하는 모든 더러움과 사악함에 대해 생각해 보라**. 그래서 구원받은 성도들 안에 나타나는 증거들 가

운데 하나는 죄를 지었을 때 하나님께 자백하지 않고서는 못 견딘다는 사실이다. 구원받기 전에는 어떻게 해서든지 양심의 소리를 무마시키면서 자신의 죄를 정당화시킬 방법을 항상 찾을 수 있었다. 그러나 구원받은 후에는 그렇게 하면 할수록 더욱더 못 견디는 자신을 발견하게 된다. 우리 안에 예수 그리스도께서 계시는 한 그런 더러운 것들을 부둥켜안고 살 수는 없는 것이다. 결국에는 죄를 자백하게 되어 있다.

피터 럭크만 목사는 이렇게 표현했다. "예수 그리스도께서 당신을 구원하시어 거듭나게 하셨을 때 그분께서 무슨 일을 하셨는지 아는가? 그것은 문명인을 데려다가 고릴라가 있는 우리에 넣으신 것이다. 그 고릴라는 화를 내기 시작하고 으르렁거리고 위협하면서 싸우려고 한다. 더 이상 행복하지 않다. 더 이상 편안하지 않다. 주님께서 우리를 구원하셨을 때 우리의 인생을 망가뜨리신 것이다." 그래서 사도 바울은 『오, 나는 비참한 사람이로다! 누가 이 사망의 몸에서 나를 구해 낼 것인가?』(롬 7:24)라고 고백한 것이다.

그리스도인의 휴거의 신비

『보라, 내가 너희에게 한 가지 신비를 말하노니 우리가 다 잠잘 것이 아니요 오히려 우리가 모두 변화될 것이니 마지막 나팔 소리에 눈깜짝하는 순간에 그러하리라. 나팔 소리가 나면 죽은 자들이 썩지 아니하는 몸으로 일으켜지며 우리도 변화되리라. 그리하여 이 썩

을 몸이 반드시 썩지 아니할 몸을 입고 이 죽을 몸이 반드시 죽지 아니할 몸을 입으리라. 이 썩을 몸이 썩지 아니함을 입고 또 이 죽을 몸이 죽지 아니함을 입게 되면 그때 "사망이 승리 속에 삼킨 바 되었느니라."고 기록된 말씀이 이루어지리라. 오 사망아, 너의 쏘는 것이 어디 있느냐? 오 음부야, 너의 승리가 어디 있느냐? 사망의 쏘는 것은 죄요, 죄의 능력은 율법이라』(고전 15:51-56).

➠ "휴거의 신비"는 일곱 부활 중에서 "신약의 그리스도인들의 부활"과 일치하는 신비로서 "눈 깜짝하는 순간에 그리스도의 몸이 지상에서 사라지는 신비"이다. 이 신비가 이루어질 때, 죽은 성도들이 먼저 무덤에서 부활하여 끌려 올라간다. 무덤이 그들을 붙잡아 둘 수 없는 것이다. 『**오 음부야, 너의 승리가 어디 있느냐?**』(55절b) 다음으로 살아남아 있는 성도들이 끌려 올라간다. "에녹"처럼 죽음을 영원히 맛보지 않는 것이다. 『**오 사망아, 너의 쏘는 것이 어디 있느냐?**』(55절a) 이 위대한 승리에 대해 예수님께서도 이렇게 말씀하셨다. 『**나는 부활이요, 생명이니 나를 믿는 자는 죽어도 살 것이며 또 살아서 나를 믿는 자는 누구나 영원히 죽지 아니하리라. 네가 이것을 믿느냐?**』(요 11:25,26)

피터 럭크만 목사는 이렇게 말했다. "나는 이 일이 오늘 밤에 일어났으면 좋겠다. 하나님께서 나의 증인이시거니와, 나는 예수 그리스도께서 오늘 밤 오시기를 원치 않는 그리스도인을 이해할 수 없다. 당신이 구원받은 사람이라면 당신이 가지고 있는 모든 문제는 오늘 밤에 다 해결될 것이다. 당신이 암에 걸렸어도 더 이상 그것에 대해 걱정할 필요가 없으며, 당뇨병에 걸렸어도 그것에 대해 걱정할 필요가 없다. 결혼하지 않은 젊은이들도 그것에 대해 걱정할 필요가 없다. 결혼한 사람들도 그들의 문제에 대해서 걱정할 필요가 없다. 모든 것은 해결될 것이다. 예수 그리스도의 재림으로 해결되지 않을 문제는 하나도 없다. 몇 년 전 남부에서 사람들은 이런 노래를 불렀다. '예수님, 조금만 더 기다려 주세요.' 나는 그 노래를 '예수님 조금만 더 서둘러 주세요.'로 바꿔 부를 것이다. 성경의 마지막 기도는 『**아멘. 그러하옵니다. 주 예수여, 오시옵소서.**』(계 22:20)이다." 이러한 믿음이 있기에 우리는 오늘도 깨어 준비해야 한다(마 24:44). "성도들아 준비되었느냐 본향 가기 위하여, 내 신랑 주 예수 다시 올 때 기쁨으로 주를 맞겠네."

■ 새롭게 깨달았거나 적용할 내용이 있다면 적어 보세요. ■

불법의 신비

『불법의 신비가 이미 활동하고 있나니 현재는 막는 자가 있어 막을 것이나 그가 그 길에서 옮겨질 때까지만 그리하리라. 그리고 나서 그 악한 자가 나타나리니 주께서 그를 자기 입에서 나오는 영으로 소멸하시고 그의 찬란한 오심으로 제거하시리라』(살후 2:7,8).

➡ "**불법의 신비**"는 "경건의 신비"의 반대되는 신비로서 교회의 휴거 이후 환란 시대에 "**사탄이 육신의 몸을 입고 지상에 나타나는 신비**"를 의미한다. 즉 이것은 "적그리스도의 신비"로서 "짐승의 신비"로도 불린다(계 17:7). 그런데 바울 당대에 불법의 신비가 이미 활동하고 있었다. 물론 이것은 당시에 "적그리스도"가 등장했다는 뜻은 아니고, "**적그리스도의 예표들**"의 활동을 의미한다. 말하자면 환란 시대에 "한 사람"(계 13:18) 적그리스도가 세상 전면에 등장할 때까지, 이곳 지상에는 "적그리스도의 영"(요일 4:3)이 활동할 것이고, 또 많은 적그리스도(요일 2:18)가 일어날 것이다. 그러니까 불법의 신비의 "원형"이 나타나기 전에 등장한 수많은 "예표들"(모형들)을 가리켜서 불법의 신비가 이미 활동하고 있다고 말씀하는 것이다.

■ 새롭게 깨달았거나 적용할 내용이 있다면 적어 보세요. ■

큰 바빌론의 신비

『그녀의 이마에 한 이름이 기록되어 있는데 "**신비라, 큰 바빌론이라, 땅의 창녀들과 가증한 것들의 어미라.**"고 하였더라』(계 17:5).

➡ "**큰 바빌론의 신비**"는 "**일곱 머리와 열 뿔을 가진 짐승(적그리스도) 위에 앉아 있는 한 여인(계 17:3)에 관한 신비**"로서 "여자의 신비"로도 불린다(계 17:7). 이 여자의 정체에 대해서는 요한계시록 17,18장에 잘 나와 있는데, 특히 그녀는 『**일곱 산**』(계 17:9) 위에 세워져 있는 『**땅의 왕들을 다스리는 큰 도성**』(계 17:18)으로 불린다. 또한 『**자주색과 주홍색 옷을 입고 금과 보석과 진주로 장식하고 손에는 금잔을 가졌는데 그 잔은 가증스런 것들과 그녀가 행한 음행의 더러운 것들로 가득**』(계 17:4) 차 있으며, 세상의 호감을 사기 위해 세상과 음행을 일삼는 "큰 창녀"이다(계 17:1). 심지어 그 여인은 『**성도들의 피와 예수의 순교자들의 피에**』(계 17:6) 취해 있기까지 하다. 말하자면 성경대로 믿는 그리스도인들을 박해하고 고문하고 죽이는 가증한 죄들을 지은 집단인 것이다. **이 여인이 누구인가? 다름 아닌 종교적인 로마, 곧 "로마카톨릭"이다.**

1825년 교황 레오 12세는 메달 하나를 만들었는데, 한 면에는 자신의 모습을 새겨 넣었고, 다른 한 면에는 "잔을 들고 있는 한 여인"을 새겨 넣었다. 그리고 그 아래에 라틴어로 "온 세상이 그녀의 보좌다."라는 말을 새겨 넣었다.

그리스도와 그분의 신부인 교회

『이런 까닭에 남자가 자기 아버지와 어머니를 떠나 자기 아내와 결합하여 그 둘이서 한 몸이 될지니라. 이것은 위대한 신비라. 그러나 나는 그리스도와 그 교회에 관하여 말하노라』(엡 5:31,32).

➡ 여섯 번째 신비는 "**예수 그리스도와 그분의 신부인 교회**"에 관한 신비이다. 우선 에베소서 5:25-29에서는 "**남편과 아내의 관계**"를 말씀한다. 남편과 아내는 한 몸인데, 비록 물리적으로 서로 떨어져 있다 해도 "하나의 몸"인 것이다. 이것 역시 인간의 이성으로는 도저히 설명하기 어려운, 이른바 "신비"다. 그러나 이 문맥에서 궁극적으로 말씀하는 것은 "**예수 그리스도와 교회의 관계**"이다. 『**이는 우리[교회]가 그[그리스도]의 몸과 그의 살과 그의 뼈의 지체임이라**』(엡 5:30). 말하자면 "예수 그리스도"와 "교회"도 "하나의 몸"인 것인데, 비록 예수 그리스도께서 셋째 하늘에 계시고 교회를 구성하는 그리스도인들이 지상에 있다 해도, 성경은 그 둘이 "하나의 몸"이라고 말씀하는 것이다. 그래서 이것은 "위대한 신비"다. 분명 "교회"는 한 남편과 정혼한 "순결한 처녀"(고후 11:2)로서 "영적으로는" 예수 그리스도와 연합되어 있다(고전 6:17; 12:13, 엡 2:6). **하지만 "물리적으로는" 아직 예수 그리스도와 결혼이 이루어지지 않은 상태다**. 우리의 물리적인 몸은 이 지상에 있고 머리이신 예수 그리스도의 몸은 셋째 하늘에 계시기 때문이다. 그래서 우리는 "이중적인 존재"다. 어떤 의미에서는 "처녀인 신부"도 되고 어떤 의미에서는 "결혼한 아내"도 되는 것이다. 이것 역시 인간의 이성이나 논리로는 설명할 수 없다. 그래서 바울은 이것을 "위대한 신비"라고 말하는 것이다. 『**이것은 위대한 신비라. 그러나 나는 그리스도와 그 교회에 관하여 말하노라**』(엡 5:32).

이스라엘의 회복

『형제들아, 너희가 스스로 지혜 있는 체하지 않게 하기 위하여 이 신비를 너희가 모르기를 내가 원치 아니하노니 이는 이방인들의 충만함이 차기까지는 이스라엘의 일부가 완고하게 된 것이라. 그리하여 온 이스라엘이 구원을 받으리라. 기록된 바 "구원자가 시온에서 와서 야곱에게서 경건치 아니한 것을 제거하리라』(롬 11:25,26).

➡ 마지막 일곱 번째 신비는 "**이스라엘의 회복**"이다. 이스라엘은 반드시 회복된다. 그들은 반드시 그들의 땅으로 돌아오게 되어 있다. 말하자면 하나님께서는 그들을 완전히 저주하고 버리셨지만, "영원히" 저주하거나 버리신 것이 아닌 것이다(롬 11:28,29). **그래서 우리는 유대인을 사랑하고 잘 대해야 한다.** 그렇게 하지 않으면 하나님께서 보복하실 것이다. 그것이 "아브라함의 언약"을 통해 주어진 약속이다. 『**너를 축복하는 자들에게 내가 복을 주고 너를 저주하는 자를 저주하리라. 네 안에서 땅의 모든 족속들이 복을 받을 것이라**』(창 12:3). 역사적으로 보더라도 유대인들을 박해하고 모른 체했던 나라들을 하나님께서는 가만 놔두지 않으셨다. 유대인들을 사랑해야 한다. 그리고 가능하면 유대인들을 그리스도께 인도해야 한다. 참고로 이 시대에 유대인들이 구원받으면 그들은 더 이상 유대인이 아니라 "그리스도인"이 된다.

1918년 제1차 세계대전이 한창일 무렵 유대인인 바이츠만이 일종의 화약 같은 것을 만들어서 연합군에게 큰 승리를 안겨다 주었다. 당시 영국은 고마움의 표시로 유대인들에게 그들의 조국 팔레스타인 땅으로 돌아가게 해 주겠다는 선언을 한다. 그것이 바로 "밸푸어 선언"

(Balfour Declaration)이다. 그런데 제1차 세계대전이 끝날 무렵 아라비아의 "그랜드 머프티"란 사람이 등장하더니만 영국을 이렇게 협박했다. "만약 당신들이 유대인들을 팔레스타인 땅으로 오게 한다면 우리는 석유 판매를 중단하겠소." 이 문제를 어떻게 할 것인가를 놓고 영국 의회가 열렸다. 당시 탁월한 연설가로 알려진 윈스턴 처칠이 일어나 "팔레스타인 땅을 유대인들에게 돌려주지 말자."라고 말했다. 그때 영국의 하원 의석에서 옛 청교도였던 존 할삼 경이 일어나 1611년 〈킹제임스성경〉을 들고 아모스 9장을 펴고는 마지막 세 구절을 읽어 내려가며 눈물로 다음과 같이 호소했다. "『**주가 말하노라. 보라, 그 날들이 이르리니 밭 가는 자가 추수꾼을 앞서며 포도를 밟는 자가 씨 뿌리는 자를 앞서리라. 산들은 단 포도주를 떨어뜨릴 것이요, 모든 작은 산들은 녹으리라. 내가 내 백성 이스라엘의 사로잡힌 자를 다시 데려오리니 그들이 황폐한 성읍들을 세워 그곳에 거주할 것이요, 또 그들이 포도원들을 만들어 그 포도주를 마시겠고 그들은 또한 정원들을 만들어 그 열매를 먹으리라. 내가 그들을 그들의 땅에다 심으리니 그들이 다시는 내가 그들에게 주었던 그들의 땅에서 뽑히지 아니하리라. 주 너의 하나님이 말하노라**』(암 9:13-15). 이 의회에 참석하신 여러분, 여러분은 하나님께서 그 땅을 친히 선택하신 백성에게 주셨다는 것을 잘 알고 있습니다. 여러분은 지금 잘못하고 있는 것입니다." 결국 영국은 제2차 세계대전 때 독일의 맹폭격을 받게 된다. 대영제국이 몰락하는 순간이다.

■ 새롭게 깨달았거나 적용할 내용이 있다면 적어 보세요. ■

제3과
복습문제

1. 『(   )의 신비는 논쟁의 여지없이 위대하도다. 하나님께서는 육신으로 나타나셨고 성령으로 의롭게 되셨으며, 천사들에게 보이셨고 이방인들에게 전파되셨으며, 세상에서 믿은 바 되셨고 영광 가운데로 들려 올라가셨음이라』(엡 1:9,10).

2. 『하나님께서는 이들에게 이방인들 가운데서 이 신비의 영광의 풍요함이 어떠한지를 알리고자 하셨으니 이 신비는 (   )에 계신 그리스도시요, 곧 영광의 소망이라』(골 1:27).

3. 『보라, 내가 너희에게 한 가지 신비를 말하노니 우리가 다 잠잘 것이 아니요 오히려 우리가 모두 변화될 것이니 마지막 나팔 소리에 눈깜짝하는 순간에 그러하리라. 나팔 소리가 나면 죽은 자들이 썩지 아니하는 몸으로 일으켜지며 우리도 변화되리라』(고전 15:51,52). 이것은 (   )의 신비에 관한 구절이다.

4. 『그녀의 이마에 한 이름이 기록되어 있는데 "**신비라, (   )이라, 땅의 창녀들과 가증한 것들의 어미라.**"고 하였더라』(계 17:5).

5. 『(   )의 신비가 이미 활동하고 있나니 현재는 막는 자가 있어 막을 것이나 그가 그 길에서 옮겨질 때까지만 그리하리라. 그리고 나서 그 악한

자가 나타나리니 주께서 그를 자기 입에서 나오는 영으로 소멸하시고 그의 찬란한 오심으로 제거하시리라』(살후 2:7,8).

6. 『이런 까닭에 남자가 자기 아버지와 어머니를 떠나 자기 아내와 결합하여 그 둘이서 한 몸이 될지니라. 이것은 (　　　　　　　　)라. 그러나 나는 그리스도와 그 교회에 관하여 말하노라』(엡 5:31,32).

7. 『형제들아, 너희가 스스로 지혜 있는 체하지 않게 하기 위하여 이 신비를 너희가 모르기를 내가 원치 아니하노니 이는 이방인들의 충만함이 차기까지는 이스라엘의 일부가 완고하게 된 것이라. 그리하여 온 이스라엘이 구원을 받으리라. 기록된 바 "구원자가 시온에서 와서 야곱에게서 경건치 아니한 것을 제거하리라』(롬 11:25,26). 이것은 이스라엘의 (　　　　　　)의 신비에 관한 구절이다.

■ 복습 문제의 정답은 홈페이지(www.solomonbtc.org)에서 확인할 수 있습니다.

■ 새롭게 깨달았거나 적용할 내용이 있다면 적어 보세요. ■

NOTES

NOTES

NOTES

제4과

감추어진 천국의 신비들

『주께서 그들에게 대답하여 말씀하시기를 "이는 천국의 신비들이 너희에게는 알도록 허락되었으나 그들에게는 허락되지 아니하였기 때문이니라』(마 13:11).

감추어진 천국의 신비의 모습

마태복음 11,12장을 통해 왕을 거부하는 이스라엘의 모습을 보게 된다. 이와 같은 이스라엘의 거부로 인해 왕께서 가져오시려고 했던 천국은 감추어지게 되는데, 이렇게 감추어진 "천국의 신비"의 모습이 13장에서 제시된다. "천국의 신비(들)"(the mysteries of the kingdom of heaven)란 단어는 마태복음에만 "단 한 번" 나오는 표현으로(마 13:11), 그것은 ① 신비적인 형태로 감추어진 천국의 모습과 ② 천국이 신비적인 형태로 감추어지는 일련의 과정을 보여 준다. 이스라엘에 약속된 천국은 그들의 거부로 인해 그들에게서 점점 멀어져 결국 이 세대에서는 "감추어져"("사라져") 버렸고, "감추어진 천국"은 그것이 받아들여지고 드러나는 세대가 올 때까지 "잠시"(2천 년 동안) 이스라엘이 아닌 "다른 사람들"에게 "다른 형태"로 주어지게 된다. "다른 형태"란 성경에서 오기로 약속된 정상적인 "천국"이 아니라 "다른 형태"의 모습을 가리킨다. 이것을 "신비적인 형태의 왕국"이라고 하는데, 그 이유는 그것이 드러나는 형태가 왕국(kingdom)은 왕국인데 성경에서 약속된 왕국의 모습과는 전혀 다른 형태의 왕국의 모습이기 때문이다. 그 다른 형태란 "기독교계"(christendom)를 말한다. 기본적으로 천국이 감추어지는 기간(교회 시대)에 등장하는 대상이기에, "교회 시대에 세상과 교계에서 벌어지는 일들 및 사건들"에 적용할 수 있다. 하지만 왕국에 초점을 맞추고 있기에 "실제적인 왕국과 연관된 모습"도 보여 준다. 즉 "왕국이 임하기 직전의 상황"(초림, 재림) 가운데 일어나는 일들을 묘사하기도 하고, "실제적인 천년왕국"에서 있을 일에 대해 묘사하기도 한다.

씨 뿌리는 자의 비유(마 13:3-9,18-23)

씨 뿌리는 자의 비유는 다음의 말씀에 따라 그 가치가 입증된다. 『또 주께서 그들에게 말씀하시기를 "너희는 이 비유[씨 뿌리는 자의 비유]를 알지 못하느냐? 그렇다면 어떻게 모든 비유를 알겠느냐?』(막 4:13) 이 비유가 다른 비유들을 해석하는 기초가 되는 이유는, 그 비유에 담긴 상징들을 통해서 다른 비유들을 해석할 수 있기 때문이다.

1. 상징과 해석(3-9절 ➡ 18-23절)

1) "씨"는 "왕국의 말씀"이다.

『누구든지 왕국의 말씀을 듣고도 깨닫지 못할 때에는 악한 자가 와서 그 사람의 마음에 뿌려 놓은 것을 빼앗아 가나니, 길가에 씨가 뿌려졌다는 것은 곧 이 사람을 두고 말하는 것이요』(19절).

2) "씨 뿌리는 자"는 백성들에게 "왕국의 말씀"을 전파하신 "예수 그리스도"이시다.

3) 네 가지 "땅의 상태"(길가, 돌밭, 가시떨기 사이, 좋은 땅)는 말씀을 받는 사람의 "마음의 상태"를 가리킨다(19절).

2. "씨 뿌리는 자의 비유"의 적용

➡ **마태복음의 씨 뿌리는 자의 비유는 "유대인의 왕과 천국"을 다루고 있는 마태복음의 관점에 따라, "왕국이 임하기 직전의 상황," 곧 "초림 당시"나 재림 직전인 "대환란 기간"에 "왕국 복음"이 전파될 때 그 복음을 받아들이는 "네 부류의 사람들의 마음의 상태"로 해석하고 적용해야 한다.**

땅의 구분	땅의 유형	초림 당시 왕국의 관점에 따른 비유 해석
길가	새들이 와서 먹어 버림(4절)	① 새들 : 악한 자(마귀, 마귀들, 마귀의 종들) ② 마귀들이 마음에 뿌려진 말씀을 가로채 감 ③ 많은 사람들이 말씀을 들으나 마귀의 미혹에 넘어가 버림(왕국을 거부함 - 마 11,12장, 이사야의 예언 - 마음이 무디어짐)
흙이 많지 않은 돌밭	흙이 깊지 않아 곧 싹이 나오나, 해가 솟아오르자 시들었고, 뿌리가 없어 말라 버림(5,6절)	① 해 : 환난, 박해 ② 기쁨으로 말씀을 받지만, 말씀으로 인해 환난과 박해가 오면 실족함 ③ 처음에는 주님을 따라다니는 것 같지만, 결국 시험을 받으면 넘어짐

땅의 구분	땅의 유형	초림 당시 왕국의 관점에 따른 비유 해석
가시떨기 사이	가시떨기가 자라나서 그 기운을 막아 버림(7절)	① 가시떨기 : 세상의 염려와 재물의 미혹 ② 세상의 염려와 재물의 미혹이 말씀을 억눌러 열매를 맺지 못함 ③ 공회에서 쫓겨나는 것이 두려워 조용히 믿었던 상급관원들이나 니고데모 같은 사람들이 있었음
좋은 땅	30배 열매 60배 열매 100배 열매(8절)	① 말씀을 듣고 깨달아 열매를 맺음 ② 제자들(11명) : 30배 ③ 베드로, 야고보, 요한 : 60배 ④ 요한 : 100배

3. 비유로 말씀하시는 이유를 묻자 이사야의 예언으로 답변하셨다.

『제자들이 나아와 주께 말씀드리기를 "어찌하여 그들에게 비유로 말씀하시나이까?"라고 하니』(10절).

1) **<u>예수님께서는 이사야의 말씀을 인용하여 답변하셨는데(14,15절), 그 예언(사 6:9,10)이 이 시점에서 중요한 이유는 마태복음 13장에 나오는 "천국의 신비들"이 "교회 시대"에 적용된다는 사실을 보여 주기 때문이다.</u>**

2) 초림 때 왕국 복음을 거부한 이스라엘이 "민족적으로 눈멀고 귀먹은 상태"는 주로 "교회 시대"를 지나 "대환란 기간"까지 이어지는데(사 6:11,12), 이에 주님께서는 마태복음 13장의 "천국의 신비들"이 교회 시대에 세상과 기독교계 안에서 일어날 일들을 다루고 있다는 점을 알려 주신 것이다.

밭의 독보리의 비유(마 13:24-30,36-43)

1. 상징과 해석(24-30절 ➠ 36-43절)

1) "밭"(24절)은 "세상"이다(38절 ≠ "교회").

2) "좋은 씨"(곡식, 24,25절)는 "왕국의 자녀들"이다(38절 ≠ "교회 시대 성도들").

3) "독보리들"(25절)은 "악한 자의 자녀들"이다(38절, "실족케 하는 모든 것들과 불법을 행하는 자들" - 41절).

4) "좋은 씨를 뿌리는 자"(24절)는 씨 뿌리는 자의 비유에서도 설명했듯이 예수 그리스도이시며, 밭의 독보리의 비유에서는 구체적으로 『인자』(37절)라고 알려 주셨다.

5) "독보리들을 뿌리는 원수"(25절)는 "마귀"(39절)이다.

6) "추수"(30절)는 "세상의 끝"(39절)이다. 성경에서 "끝"은 일반적으로 "대환란의 끝"(마 24:3,6,13,14,21, 히 3:14; 6:11)을 가리킨다. 그날에는 예수 그리스도의 재림으로 의인과 악인이 완전히 분리되고 천년왕국이 시작된다.

7) "추수꾼들"(30절)은 "천사들"(39절)이다.

8) "불"(30절)은 "불타는 용광로"(42절)이며, "울며 이를 가는" 장소로서의 "지옥"을 가리킨다.

9) 곡식을 거두어들일 "곳간"(30절)은 "아버지의 왕국"(43절, 천년왕국)이다.

현 세상(밭)에는 곡식과 독보리가 공존하며 살고 있다. 그러나 "추수 때," 곧 "세상 끝"(환란 시대의 끝)에 하나님께서는 천사들을 보내셔서 "왕국의 자녀들"과 "악한 자의 자녀들"을 분리하실 것이다. 이때 "곡식"으로 비유되는 "왕국의 자녀들"을 "하나님의 곡식 창고"(천년왕국)로 거두어들일 것이고, "독보리"로 비유되는 "마귀의 자녀들"을 불로 태우기 위해 한데 모아 단으로 묶을 것이다.

시기적으로 이 비유가 세상에 곡식과 독보리가 여전히 공존하고 있는 교회 시대에 해당하지만, "천국(왕국)의 신비"라는 관점에서 볼 때는, 천년왕국이 임하기 직전에 곡식으로 비유되는 "환란 성도들"은 천년왕국으로 들어가고, 독보리로 비유되는 "구원받지 않은 죄인들"은 지옥의 불길 가운데로 떨어지는, 곧 곡식과 독보리가 완전히 분리되는 "대환란 끝"에 그 초점이 맞추어져 있다.

겨자씨의 비유(마 13:31,32)

『주께서 그들 앞에 또 다른 비유를 들어 말씀하시기를 "천국은 어떤 사람이 가져다가 자기 밭에 뿌린 겨자씨 한 알과 같으니』(31절).

1. 겨자씨의 비유에 대한 잘못된 해석

➠ "겨자씨의 비유"는, "겨자씨"를 "교회"에 잘못 적용하는 사람들로 인해 겨자씨가 자라나는 것을 "기독교나 기독교 문화가 전파되는 것"으로, 곧 "하나님의 나라와 천국이 확장되는 것"으로 잘못 설명되고 있다.

2. 상징과 올바른 해석

1) "밭"은 "세상"(38절)이다.

2) "겨자씨"는 "푸성귀와 같은 나물"로 자라야 정상이지만, 이 비유에서는 "나무"가 되어 비정상적인 성장"을 한다.

3) **"씨를 뿌리는 어떤 사람"은 인자가 아니다. 겨자씨가 비정상적인 성장을 하는 "나쁜 씨"라면 이 비유의 "어떤 사람"은 "인자"일 수가 없다.**

4) "공중의 새들"은 "마귀, 마귀들, 마귀의 세력들"(4,19절)이다(계 18:2 - "마귀들과 더러운 영들").

> 비정상적으로 자라난 나무에 "공중의 새들," 곧 "마귀의 세력들"이 깃들어 있다면, 그것은 구약에서 예언된 "천국"(왕국)이 아니며, 그리스도의 몸으로서의 "교회"도 아니다. **이것은 왕국이긴 하지만, "비정상적인 왕국"인 "기독교계"를 가리킨다.** 기독교계 안에는 순수한 교회들보다 마귀들에게 정복당한 가짜 교회들이 훨씬 많다. 그러한 교회들에 "공중의 새들," 곧 "마귀들"이 깃들이는 것이다. 시기적으로는 "교회 시

대"에 적용되는데, 말하자면 이 비유는 현 교회 시대에 비정상적인 왕국으로 커져 버린 "기독교계"의 모습을 보여 준다. 곧 기독교계 안에 마귀의 세력들이 둥지를 틀고 세력을 구축해 있는 모습 또는 그리스도의 몸 된 교회 안으로 마귀가 세력을 확장하려는 모습을 묘사하고 있는 것이다(눅 13:18,19).

누룩의 비유(마 13:33)

『주께서 그들에게 또 다른 비유를 말씀하시기를 "천국은 어떤 여인이 가져다가 가루 서 말에 숨겨 넣어, 전체를 부풀게 한 누룩 같으니라."고 하시더라』(33절).

1. 누룩의 비유에 대한 잘못된 해석

➡ **배교한 신학교들과 교회들에서는 "누룩의 비유"를 "겨자씨의 비유"처럼 "교회"에 잘못 적용하여 "누룩"이 "복음"이고, 누룩을 넣은 "여인"은 "교회"라고 주장한다**. 그러면서 누룩이 부풀듯이 교회가 전파하는 복음이 퍼져서 천국(하나님의 나라)이 전 세계에 확장되고, 온 세상이 "기독교 왕국"이 될 것이라고 주장한다(로마카톨릭을 비롯한 후천년주의자들).

2. 상징과 올바른 해석

1) 성경에서 "누룩"은 기본적으로 "**죄**"(고전 5:8,10,11, 눅 12:1)와 "**거짓 교**

리"(마 16:6,12, 갈 5:9)를 의미하며 늘 부정적인 뜻으로 사용된다.

2) "가루 서 말"에 누룩을 집어넣는 "어떤 여인"은 창녀인 "로마카톨릭"이다 (계 17,18장).

➠ **참된 교회는 "어린양이신 예수 그리스도의 신부"(계 19:7-9; 21:2)나 "예수 그리스도의 아내"(엡 5:23-32) 또는 "순결한 처녀"(고후 11:2)로 표현될 뿐, "어떤 여인"으로 불린 적은 단 한 번도 없다.**

3) **"가루 서 말"(three measures of meal)은 기독교계 안에 입술로만 고백하는 "세 집단," 곧 "로마카톨릭, 그리스정교, 프로테스탄트"를 가리킨다.**

"어떤 여인"이 "기독교계"(로마카톨릭, 그리스정교, 프로테스탄트) 안에 죄와 거짓 교리를 침투시킴으로써, 누룩이 전체를 부풀게 하듯이 이 세상은 주님께서 오실 때까지 죄악과 거짓 교리로 가득 찰 것이다. 특히 이 여인은 "창녀"인 "로마카톨릭"과 그에 연합한 교회들을 가리킨다. 즉 이들이 기독교계를 "누룩"(죄, 거짓 교리 등)으로 부풀리는 활동을 묘사해 주는 비유인 것이다.

밭에 숨겨진 보물의 비유(마 13:44)

『또 천국은 밭에 숨겨진 보물과 같으니, 어떤 사람이 그것을 찾은 후에 *다시* 숨기고 그 기쁨으로 가서 자기의 모든 소유를 팔아 그 밭을 사느니라』(44절).

1. 상징과 해석

1) "어떤 사람"은 "인자"(예수 그리스도)이다.

2) "밭"은 "세상"(38절)이다.

3) **"보물"은 "독특한 보물"(출 19:5, 시 135:4)이라 불리는 "이스라엘"이다.** 참고로, "교회"는 "선택받은 세대"와 "왕 같은 제사장"과 "거룩한 민족"(벧전 2:9) 그리고 "독특한 백성"(딛 2:14)으로는 불려도 "독특한 보물"로는 불리지 않는다.

출애굽 당시에 하나님께서는 "보물"을 찾으셨으나(출 19:5) 이스라엘 백성이 메시아를 거부한 이후로 현재 이 보물은 "밭"(세상)에 숨겨져 있다. "이방인들의 충만함"(롬 11:25)이 찰 때까지는 세상에서 박해와 고난 가운데 처하게 되는 것이다. 44절의 『*다시* 숨기고』는 "하나님께서 이스라엘 백성으로부터 얼굴을 돌리시어 그분(의 얼굴)을 숨기시는 것"을 의미하는데(신 31:17, 사 54:8), 이 역시 "하나님께서 이스라엘을 세상 한가운데 숨기시고 흩어 버리시자, 그들이 박해를 받게 되는 모습"을 보여 준다.

"어떤 사람"(예수 그리스도)은 "자기의 모든 소유를 팔아"(십자가 사건) 그 밭(세상)을 샀는데, 이는 십자가의 희생으로 인류의 죄를 대속하신 예수 그리스도께서 재림 때 세상의 모든 나라를 그분의 왕국으로 삼으실 것을 보여 준다(계 11:15). "밭의 보물"인 "세상 속의 이스라엘"은 세상이 주님의 왕국이 될 때 민족적으로 회복될 것이다.

진주 찾는 상인의 비유(마 13:45,46)

『또 천국은 좋은 진주를 찾는 상인과 같으니, 그가 매우 값진 진주 하나를 찾아, 가서 자기의 모든 소유를 팔아 그것을 샀느니라』(45,46절).

1. 상징과 해석

1) "어떤 상인"은 "예수 그리스도"이시다(cf. 눅 19:13).

2) "진주"는 유기체인 "교회"이다. **진주는 다른 보석과 달리 전체가 한 몸처럼 유기적으로 연결된 유기체이다. 그래서 "진주"는 성경에서 유일하게 "한 몸으로 된 유기체"라 불리는(고전 12:12-27) "교회"를 상징한다**. 다이아몬드는 깎아 내고 연마할수록 빛이 나지만, 진주는 자르면 자를수록 그 가치를 잃어버린다. 이는 교회가 "그리스도의 몸"으로서 결코 쪼개지거나 어떤 부위가 잘려 나갈 수 없음을 나타낸다.

예수 그리스도께서는 『자기의 모든 소유를 팔아』(46절), 즉 자신의 피("하나님의 피" - 행 20:28, 벧전 1:18,19)로 값을 지불하시어 『그것[진주]』을 사셨다(46절). "밭에 숨겨진 보물의 비유"와 달리 상인(예수님)은 오직 "진주" 하나만을 샀다. 예수님께서는 갈보리 십자가에서 세상의 모든 사람을 사랑하셨지만(요 3:16), 그분 자신의 핏값으로 교회만을 사셨으며, 오직 교회만이 그분의 유기체적인 "한 몸"(엡 4:4)이 된 것이다.

그물의 비유(마 13:47-50)

『또 천국은 갖가지 종류의 물고기를 모으기 위해 바다에 던져 놓은 그물과 같으니』(47절).

1. 상징과 해석

1) "그물의 비유"는 "밭의 독보리의 비유"와 내용이 유사하다. 즉 "한 밭에 있는 두 종류의 곡식"과 "한 그물 안에 있는 두 종류의 물고기"가 대응되고 있는 것이다.

2) "좋은 것"(좋은 물고기)은 "의인들"(49절)을 상징하고, "나쁜 것"(나쁜 물고기)은 "악인들"(49절)을 상징한다. **"분류하는 자들"은 "천사들"이다.**

그물의 비유는 "현 세상 체계의 끝"에 있을 사건을 다루고 있다. 예수 그리스도께서는 천사들을 통해 구원받을 성도들과 그렇지 않은 죄인들을 구분하실 것인데, 주님께서 대환란 끝에 지상에 재림하시어 땅에 남아 있는 사람들을 심판하시는 모습이 그러할 것이다.

■ 새롭게 깨달았거나 적용할 내용이 있다면 적어 보세요. ■

주님께서 "너희는 이 모든 것을 깨달았느냐?"라고 물으시자 제자들은 그렇다고 대답했다(마 13:51). 그러자 주님께서는 그 모든 비유를 깨달은 제자들을 가리켜 "천국에 관한 교훈을 받은 서기관들"(마 13:52)이라고 부르시면서, 그 교훈을 맡은 서기관들의 책무에 관하여 다음과 같이 설명해 주셨다. 『**그러므로 천국에 관한 교훈을 받은 모든 서기관들은 마치 자기 보물창고에서 새 것들과 옛 것들을 꺼내 오는 집주인과 같으니라**』(마 13:52). 즉 보물창고에서 꺼내 와야 할 "옛것들"은 "구약"을 의미하고 "새것들"은 "신약"을 의미하기 때문에, 제자들은 천국에 관한 교훈을 맡은 청지기들로서 보물창고에서 새것들과 옛것들을 꺼내 와 "신구약의 구분된 진리들"을 올바르게 나누어 가르쳐야 할 사명을 부여받은 것이다. 그들은 "신실한 청지기"(고전 4:1,2)로서 "교회 시대에 신비적인 형태로 감추어진 천국에 관한 교훈들(천국에 관한 일곱 신비)"을 신구약으로 올바로 나누어서 잘 맡아 관리해야 한다.

첫째, 사도 베드로는 유대인들을 위해 "천국복음"(구약, 옛것들)을 전하는 사람이었다. 그는 사도 바울이 사역하기 전에 이방인에게 복음의 문을 열어 주는, 즉 신약의 진리를 제시해 주는 역할을 하기도 했다(코넬료).

둘째, 『**너희는 이 모든 것을 깨달았느냐?**』(51절)라는 말씀에 따라, 성경 교사들은 하나님의 말씀을 온전히 깨달아 구약과 신약을 올바르게 나누어서 해석하고 적용하여 가르쳐야 한다. 주님의 제자들뿐만 아니라 모든 성경 교사들이 구약은 구약답게, 신약은 신약답게 올바로 나누어 가르쳐야 한다. 『**네가 진리의 말씀을 올바로 나누어 자신이 하나님 앞에 부끄럽지 않은 일꾼으로 인정받도록 공부하라**』(딤후 2:15).

제4과
복습문제

1. 씨 뿌리는 자의 비유는 다른 비유들을 해석하는 기초가 된다. (O , X)

2. 성경에서 "끝"은 일반적으로 "(   )의 끝"을 가리킨다.

3. 겨자씨의 비유에서 비정상적으로 자란 나무에 깃든 새들은 (   )의 세력이다.

4. 누룩의 비유에서 가루 서 말에 누룩을 넣은 여인은 (   )이다.

5. 밭에 숨겨진 보물의 비유에서 "보물"은 "독특한 보물"(출 19:5)이라 불리는 (   )이다.

6. 진주 찾는 상인의 비유에서 진주는 한 몸으로 된 유기체이기에 (   )를 상징한다.

7. 천국에 관한 교훈을 받은 서기관들이 보물창고에서 꺼내 와야 할 "옛것들"은 (   )을 의미하고, "새것들"은 (   )을 의미한다.

■ 복습 문제의 정답은 홈페이지(www.solomonbtc.org)에서 확인할 수 있습니다.

NOTES

NOTES

NOTES

제5과
천국에 관한 비유들

『그때에 천국은 등불을 들고 신랑을 맞으러 나간 열 명의 처녀들과 같으니라. 그들 가운데 다섯은 현명하고 다섯은 어리석더라』(마 25:1,2).

불의한 종의 비유(마 18:23-35)

1. 이 비유는 "용서에 관한 베드로의 질문"에 대해 답변하신 다음에 드신 비유이다.

『그때 베드로가 주께 와서 말씀드리기를 "주여, 내 형제가 내게 죄를 지으면 몇 번이나 그를 용서해 주어야 하리이까? 일곱 번까지 하리이까?"라고 하니, 예수께서 그에게 말씀하시기를 "나는 너에게 일곱 번까지라고 말하지 않고, 일흔 번씩 일곱 번까지라고 하노라』(21,22절).

1) 주님의 답변은 거의 무조건적인 용서를 가르치고 있다. 하지만 이것은 누가복음 17:3과 함께 다루어야 균형이 맞는다.

➡ **『너희는 스스로 주의하라. 네 형제가 너에 대하여 죄를 지으면 그를 꾸짖고, 그가 회개하면 용서하라』**(눅 17:3).

2) 누가복음은 "회개"의 기초 위에서 용서하는 것을 말하고 있으므로, 형제가 죄를 짓고 용서를 구하면 일흔 번씩 일곱 번까지라도, 즉 몇 번이라도 용서해야 한다.

➡ **『그가 하루에 일곱 번이나 너에게 죄를 짓고, 또 하루에 일곱 번이나 너에게 돌아와서 '내가 회개한다.'고 말하면 그를 용서하라』**(눅 17:4). 이 말씀에서 언급하신 일곱 번, 곧 "7"은 "완전의 수"이기 때문에, 이 구절은 주님께서 어떤 용서가 완전한 것인가에 대해 말씀하신 것으로 볼 수 있다.

2. 불의한 종의 비유는 마태복음 13장의 일곱 가지 천국의 비유에 이어서 나오는 여덟 번째 천국 비유이기 때문에 천국과 관련해서 해석해야 한다.

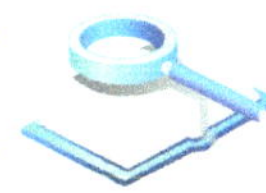

불의한 종의 비유는 역사적으로는 십자가 이전의 구약 성도에게, 영적으로는 교회에 적용할 수 있지만, 천국과 관련된 교리적 측면에서는 "대환란"과 "천년왕국"에서 행해야 할 "용서"에 관한 비유로 적용해야 한다.

3. 주님께서는 베드로에게 용서에 관한 교훈을 가르쳐 주신 뒤 "그러므로"라고 운을 떼시며 천국에서의 용서를 설명하셨다.

『그러므로 천국은 마치 자기 종들과 계산을 하고자 하는 어떤 왕과 같으니라』(23절).

1) "종들과 계산을 하고자 하는 어떤 왕"(23절)은 하나님이시다.

2) 계산을 해야 하는 "종들"은 마태복음 25:14-16의 달란트 비유에 나오는 "종들"과 같다(마 25:19).

3) 마태복음 18장은 주인에게 빚진 것에 관한 것이며, 25장은 주인이 맡긴 "재산"에 관한 것이다(마 25:14). 이 비유에서 주님은 주인의 재산을 맡은 자에게 더 큰 책임이 있음을 강조하셨다.

4) 마태복음 18장의 불의한 종은, 자신은 왕에게 빚진 일만 달란트를 탕감

받았으면서도(24-27절) 자신에게 일백 데나리온 빚진 동료 종은 붙들어 멱살을 잡고는 감옥에 집어넣어 버렸다(28-30절). 이 딱한 소식을 전해 들은 주인은 그 악한 종을 불러 책망한 후 빚을 다 갚을 때까지 형리들에게 넘겨주었다(31-34절).

5) **마태복음 18장의 빚진 종과 25장의 재산을 맡은 종의 차이점은, 18장의 불의한 종은 "형리들"에게 넘겨진 반면(35절), 25장의 "악하고 게으른 종"은 "바깥 흑암"에 넘겨졌다는(마 25:30) 사실이다**.

6) "형리들"은 지옥이 아니다. 따라서 천국과 관련된 이 비유에서 알 수 있는 것은, 물리적인 천국이 임하는 천년왕국 기간에 모든 죄에 대해 지옥의 형벌을 받는 것은 아니라는 점이다(cf. 요일 5:17).

4. 예수님께서 용서와 관련하여 최종적으로 주신 말씀

『그러므로 이와 같이 너희들이 진심에서 우러나와 형제 각 사람을 그들의 잘못과 더불어 용서하지 않으면, 하늘에 계신 나의 아버지께서도 너희들에게 그렇게 하시리라』(35절).

1) **주님께서 강조하신 것은 "너희들," 곧 "유대인들"이 자기 형제를 진심으로 용서해야만 그 자신도 용서를 받을 수 있다는 점이었다**. 용서받기 위해 용서해야 하는 것이라면, 이것은 다른 사람을 용서하는 "행위"에 근거해서 용서를 받는 "환란 시대"와 "천년왕국"의 교리에 적용되어야 한다(마 6:14,15). 본문의 "악한 종"은 자기에게 "빚진 자"를 용서하지 않았기에 결국 용서받지 못하고(마 6:12) 형리들에게 넘겨졌다.

2) <u>교회 시대의 그리스도인은 "예수 그리스도의 피"로 말미암아 어떤 행위가 없어도 용서를 받았다(롬 4:5)</u>. 따라서 그리스도인은 그 자신이 하나님께 용서를 받았기 때문에 형제자매들을 용서해야 한다(<u>엡 4:32</u>).

> 용서받았기 때문에 용서한다는 점에서는 불의한 종의 비유와 비슷하지만, 교회 시대에는 용서하지 않는 것이 형리들에게 넘겨질 일은 아니다. <u>다만 용서하지 않으면 마귀가 틈을 비집고 들어오기 때문에 항상 주의해야 한다(엡 4:26,27,32)</u>. 그리스도를 위하여 하나님께 용서받은 성도라면 "용서"는 당연히 순종해야 할 덕목이 된다. 그리스도께서 "우리가 아직 죄인이었을 때 우리를 위해 죽으심으로써"(롬 5:8) 우리를 용서하신 것을 안다면, 구원받은 성도가 "그리스도를 위해" "일흔 번씩 일곱 번"(마 18:22)까지라도 형제자매를 그 "잘못과 더불어 용서"하는 것이 마땅하지 않겠는가! 『그리스도께서 그를 위하여 죽으셨느니라』(롬 14:15).

포도원 일꾼의 비유(마 20:1-16)

1. **포도원 일꾼의 비유는 천국에 관한 아홉 번째 비유로서, "신비로운 형태의 천국"과 관련된 교회 시대에 적용된다.**

➠ 이 비유는 『**보소서, 우리는 모든 것을 버려 두고 주님을 따랐나이다. 그러므로 우리가 무엇을 갖게 되겠나이까?**』(마 19:27)라는 베드로의 질문에 대한 주님의 답변(마 19:28-30)을 상세히 설명하고 있다.

1) 천국은 마치 자기 포도원을 위하여 일꾼을 구하러 아침 일찍 나간 집주인과 같다(1절).

➡ <u>"포도원"은 이스라엘을 의미한다(사 5:1-7; 27:2,3, 마 21:33). 그러나 이스라엘이 예수 그리스도를 거부한 결과(마 21:38,39), 그들에게 약속된 왕국의 영적인 부분인 "하나님의 나라"가 교회에 넘겨졌기 때문에(마 21:38-43) 이 "포도원 일꾼의 비유"는 교회 시대에 적용된다</u>.

2) "집주인"은 "하나님 아버지"를 상징한다.

3) 포도원의 주인은 "장터에서 서성대는"(20:3) 사람들을 일꾼으로 불렀는데, 이들은 원래 포도원(이스라엘) 안에 있던 사람들이 아니었다.

➡ <u>따라서 그들은 하나님과 관계없이 밖에 있던 사람들이었다가(이방인) 하나님의 일꾼이 된 교회 시대의 성도들을 의미한다(엡 2:2-5)</u>.

2. 비유에서 집주인이 아침 일찍부터 제십일시경까지 나가서 구해 온 일꾼들은 교회 시대와 관련하여 다음과 같이 적용된다.

1) <u>"아침 일찍"은 사도들의 사역에 적용된다(마 19:27). "제십일시경"에 온 일꾼들은 사도들의 기초 위에(엡 2:20) 시작된(A.D. 33-70) 교회 시대 중에서 마지막 시대에 속한 사람들이다</u>.

2) "온종일"(6절)에 해당하는 12시간을 2천 년 교회사에 적용하면 한 시간은 "166.666...년"에 해당한다. "6"은 "사람의 숫자"이기에(〈성경의 숫자들〉 참조), "6"의 무한 반복은 하나님 없이는 완성될 수 없는 "은혜 아래 있는 사람들의 날들"인 교회 시대를 잘 나타낸다고 볼 수 있다.

3) “아침 일찍”(오전 6시), “제삼시”(오전 9시), “제육시”(정오), “제구시”(오후 3시)는 교회 시대를 4등분 하는 밤의 “네 경점”과 일치하며, 각 “일꾼들”은 교회 시대의 각 시기에 해당하는 사람들을 상징한다.

(1) 아침 일찍 포도원에 들어온 일꾼들의 시기는 사도들의 사역이 시작되었던 A.D. 30년경부터 A.D. 500년경까지의 기간으로 볼 수 있다. 마태복음 19:27에서 열두 제자들은 모든 것을 버려두고 주님을 따랐다고 고백했는데, 이 기간은 이들의 사역부터 시작된다.

(2) 제삼시에 포도원에 들어온 일꾼들의 시기는 A.D. 500-1000년의 기간에 적용된다.

(3) 제육시에 들어온 일꾼들의 시기는 A.D. 1000-1500년에 적용된다. 특히 12절에서 종일 볕에서 짐을 지고 수고한 사람들은 이 시기, 곧 “암흑시대”(막 13:35)에 섬겼던 성도들의 극심한 고난을 잘 보여 준다(왈덴시안, 폴리시안, 불가리안 등).

(4) 제구시에 들어온 일꾼들의 시기는 A.D. 1500-1900년경까지며, 필라델피아 교회 기간에 섬긴 일꾼들이 여기에 해당된다(존 후스, 마틴 루터, 요한 웨슬리, 조지 휫필드, 조나단 에드워즈 등). 마가복음 13:35에서는 이 기간을 “닭 울 때”로 표현하고 있다.

(5) 제십일시에 들어온 일꾼들의 시기는 A.D. 1900년부터 현재까지이며 재림을 눈앞에 두고 있는 기간이다. 포도원의 전체 노동은 “제십이시”에 끝나기 때문에 제십일시에 들어온 일꾼들에게는 노동 시간이 한 시간밖에 주어지지 않는다. 하지만 집주인은 그들에게도 동일하게 한 데나리온을 하루 품삯으로 준다(9절). 이는 라오디케아 교회 시대가 그 어느 때보다도 배교와 오류가 난무하기 때문이다. 그래서 이 기간에 신실했던 주님의 일꾼들은 다른 기간의 일꾼들, 심지어 “아침 일찍”부터 일한 일꾼들과 동등한 대우를 받는다(10-12절).

모든 일꾼이 동일하게 "한 데나리온"을 받았으며, "한 데나리온"은 "적절한 대가"(4절)였다. "아침 일찍"부터 일한 일꾼들(외적인 박해 속에서 믿음을 지킨 성도들)과 "제십일시"경부터 일한 일꾼들(배교의 시대에 교묘한 내적 박해 속에서 믿음을 지킨 성도들)의 품삯이 동일한 것인데, 이것은 그들 모두 하나님의 일을 위해 동일한 자기희생을 지불했다는 의미를 내포한다(마 19:29). 포도원의 주인은 "내 것을 가지고 내 뜻대로 하는 것이 부당하냐? 나의 선함이 네 눈에는 악하게 보이느냐?"(15절)라고 하면서 불만을 품은 일꾼들을 책망했다. "한 데나리온"을 지불한 것은 계약에 따른 적절한 대가였으며, 그것은 하나님의 "선함"이었다. 일꾼은 약속대로 받은 품삯에 대해 불평할 권리가 전혀 없는 것이다.

"주인이 '내 것을 가지고 내 뜻대로' 사용하지 못하게 하는 사회주의 경제 정책(최저임금정책 등)은 반성경적인 정책이다. 시장경제의 '계약의 자유'를 정부가 통제하는 것은 잘못이다. '자본과 노동'의 문제에 있어서 성경의 해결책은 자본주의적이다. 사유재산권에 대한 신약성경의 입장은 부활 '전'이나 '후'나 변함이 없다. 세상이 점점 하나가 되어 갈수록 이 성경적 교리는 무너지게 될 것이다"(피터 S. 럭크만).

혼인 잔치의 비유(마 22:1-14)

1. 혼인 잔치의 비유는 천국에 관한 열 번째 비유로서, 천국으로 들어갈 때의 모습을 그려 주고 있다.

2. 자기 아들을 혼인시킨 "어떤 왕"은 하나님 아버지이시고, 그의 아들

은 예수 그리스도이시다(1절).

1) 이 비유에 등장하는 사람들은 아들의 혼인식 이후에 펼쳐질 잔치에(마 26:29, 눅 12:35,36; 22:30) 초대받은 사람들이다. 하지만 그들은 왕의 거듭된 초청을 거부했고, 심지어 왕이 보낸 종들을 모욕하고 죽이기까지 했다(3-6절).

2) <u>이 비유에서 "신부"인 교회는 등장하지 않는다</u>. 신부는 신랑과 정혼한 상태일 뿐(2절, cf. 고후 11:2) 아직 혼인식이 치러진 것은 아니다(4절, cf. 계 19:7).

3. 7절과 8절 사이에는 2천 년의 교회 시대가 놓여 있다.

『왕이 이 말을 듣고 분노하여 자기 군대를 보내어 그 살인자들을 죽이고 그들의 성읍을 불살라 버렸느니라.

[교회 시대 2,000년] 그리고 나서 자기 종들에게 말하기를 '혼인 잔치는 마련되었으나 초대받은 사람들은 합당치 않도다. 그러므로 너희는 대로로 나가서 사람들을 만나는 대로 전부 혼인식에 청해 오라.'고 하였더니 종들이 대로에 나가서, 악하거나 선하거나 만나는 대로 다 불러오니, 그 혼인 잔치가 손님들로 가득 찼느니라』(7-10절).

1) <u>2-7절은 A.D. 70년까지의 유대인의 역사다</u>.

➡ 유대인들은 예수님을 거부하고 그분의 종들을 "붙잡아 모욕을 주고 죽였다"(6절). 하나님께서는 7절에서 보는 것처럼 A.D. 70년에 예루살렘을 불살라 버리셨다.

2) <u>8-14절은 대환란 기간을 다룬다</u>.

➡ 부름을 받고 혼인 잔치에 참석한 손님들은 대환란 때 믿음과 인내의 행위로 구원을 끝까지 지킨 환란 성도들이다. 이 무렵 교회는 이미 하늘로 휴거된 상태이며(살전 4:16,17, 계 4:1), 대환란 기간에 구원받은 환란 성도들은 환란 끝에 있을 어린양의 혼인식에 참여하게 된다.

4. "예복을 입지 않은 한 사람"(11절)

1) 예복을 입지 않은 사람은 초대받지 않은 불청객이지 "환란 성도"가 아니다(계 16:15).

2) <u>만약 예복을 잃어버린 것이라면, 그는 끝까지 견디지 않아 "자기 옷을 지키지 못한"(계 16:15) "구원을 잃어버린" 환란 성도이다</u>.

3) <u>그 불청객이 "환란 성도"가 아니라면, 그는 사탄이 육화한 존재인 "유다 이스카리옷"이다</u>.

(1) 『**친구여**』(12절)라는 말은 예수님께서 유다 이스카리옷에게 하셨던 말이다(마 26:50).

(2) 유다 이스카리옷은 "마귀"(a devil)였다(요 6:70,71).

(3) 유다 이스카리옷은 "멸망의 아들"이라 불리는데(요 17:12), 이는 적그리스도의 명칭이다(살후 2:3,4). "끝없이 깊은 구렁의 천사"의 이름도 "멸망"이다(계 9:11).

(4) 유다 이스카리옷은 죽은 후에 "자신의 거처"로 갔다(행 1:25).

(5) 적그리스도는 "짐승"(계 13:1)인데, "앞으로 끝없이 깊은 구렁으로부터 나와서 멸망으로 들어갈 자"(계 17:8)이다.

(6) 이 불청객은 "손과 발"이 묶여 바깥 흑암에 던져진다(13절). 사탄은 요한계시록 20:1-3에서 묶인 채로 "끝없이 깊은 구렁"에 던져진다.

➠ 사탄이 교회의 휴거 이후 "어린양의 혼인식" 동안 하늘에 나타날 가능성이 있음을 시사해 준다.

5. 부름을 받은 사람들은 많아도 택함을 받은 사람들은 적다(14절).

➠ 『**부름을 받은 사람들은 많아도 택함을 받은 사람들은 적으니라.**』(14절)라는 말씀은, 많은 사람이 믿음과 인내로 환란을 견뎌 내라는 명령을 듣는다 해도 실제로 견뎌서 택함을 받는 사람들은 적을 것임을 보여 준다.

열 처녀의 비유(마 25:1-13)

1. 열 처녀의 비유는 마태복음에서 제시되는 열두 개의 천국 비유 중 열한 번째에 속한다.

2. 알미니안주의자들은 다섯 처녀가 저주받는 모습을 보고 구원받은 성도들도 구원을 잃어버릴 수 있다고 생각한다.

➠ 칼빈주의자들은 어리석은 다섯 처녀를 구원받지 않은 형식적인 그리스도인으로 보거나, 이 비유는 단지 일반적인 진리만을 제시할 뿐 특별한 적용을 할 필요는 없다고 생각한다. 그들은 "구원의 영원한 보장"이라는 교리에 억지로 끼워 맞추는 데 급급한 나머지 누군가가 구원을 잃어버리는

구절에 와서는 그 구절을 애매하게 돌려서 영적으로 해석하는 것이다.

1) 이 비유에서 가장 유심히 보아야 할 낱말은 복수 표현인 "처녀들"(virgins)이다. 이들은 "한" 순결한 처녀로 제시되는(고후 11:2) "교회"와는 다른 부류의 사람들이다.

2) **이들은 신랑과 결혼하러 가는 "신부"가 아니라 신랑을 맞으러 가는 "처녀들"이다**.

3) 처녀들이 그리스도인들이 아닌 또 다른 이유는 다섯 처녀의 기름이 고갈되었기 때문이다. **기름은 "성령의 모형"인데, 신약의 그리스도인들은 성령님을 잃어버릴 수 없다는(요 14:16) 점에서 이 처녀들은 그리스도인이 아니다**. 그들은 성령님을 "행위"로 산다(8,9절).

4) 이 비유의 주인공은 "인자"로 표현된다. **인자라는 이름은 초림이든지 재림이든지 주님의 지상 사역과 관련된 이름이다**. 교회의 휴거를 비롯하여 교회와 관련해서는 인자라는 용어가 사용되지 않는다. 바울 서신에서도 인자라는 말은 사용되지 않는다.

4) **행위로 성령을 사는 처녀들(동정들)은 믿음과 행위로 구원받는 유대인 환란 성도들이다**. "처녀들," 즉 "동정들"이라는 말은 교회 시대가 아니라 환란 시대에 등장한다(계 14:1-6). 이 처녀들은 어린양의 혼인식을 묘사하는 시편 45편에서 신부를 따르는 처녀들로 등장한다(시 45:14).

3. 기름이 준비된 처녀들만 신랑과 함께 혼인식에 들어간다.

➠ 믿음과 행위로 대환란을 끝까지 견딘 환란 성도들만 휴거되어 어린양의 혼인식에 참여한다는 사실을 보여 준다(히 9:28). 『그러므로 깨어 있으라. 너희는 인자가 오실 그 날과 그 시간을 모르기 때문이라』(13절).

■ 새롭게 깨달았거나 적용할 내용이 있다면 적어 보세요. ■

제5과
복습문제

1. 대환란 때에는 용서가 (　　　　) 구원의 수단이지만, 그리스도인은 "예수 그리스도의 피"로 말미암아 어떠한 (　　　　)가 없어도 용서받았다.

2. 포도원 일꾼의 비유는 (이스라엘 , 교회)에 적용된다.

3. 혼인 잔치의 비유에서 예복을 입지 않은 불청객은 끝까지 견디지 않아 "자기 옷을 지키지 못한"(계 16:15) 구원을 잃어버린 "환란 성도"이거나, 주님께 "친구"라는 말을 들은 (　　　　　　　　)이다.

4. (칼빈주의 , 알미니안주의)는 열 처녀의 비유에서 다섯 처녀가 저주받는 모습을 보고 구원받은 성도들도 구원을 잃어버릴 수 있다고 생각한다.

5. 열 처녀의 비유에서 처녀들은 (교회 , 환란 성도들)이다.

6. 믿음과 인내의 행위로 환란 시대를 끝까지 견뎌 낸 환란 성도들만 휴거되어 (　　　　　　　　)에 참여한다.

■ 복습 문제의 정답은 홈페이지(www.solomonbtc.org)에서 확인할 수 있습니다.

NOTES

NOTES

제6과

하나님의 나라의 신비들

『주께서 말씀하시기를 "너희에게는 하나님의 나라의 신비들이 알도록 허락되었지만, 다른 사람들에게는 비유로 하나니, 이는 그들이 보아도 보지 못하며 들어도 깨닫지 못하게 하려 함이니라』(눅 8:10).

달란트 비유(마 25:14-30)

앞선 제4과, 제5과에서는 "천국의 신비"에 따른 12개의 비유 중에서 11개의 비유에 대해 살펴보았다. 이제 나머지 한 비유가 남아 있는데, 곧 "달란트 비유"이다. 이 비유는 아주 오랫동안 교회 시대의 청지기들에게 적용되어 "달란트"라는 말이 재능과 은사를 뜻하는 교회의 용어처럼 되어 버렸다. 하지만 천국의 신비와 관련된 이 비유는 하나님의 나라의 신비와 관련된 므나의 비유와 구분되어야 한다. 그 적용 또한 달란트는 유대인에게, 므나는 이방인에게 해야 한다.

달란트 비유(천국) vs. 므나 비유(하나님의 나라)

1. 달란트 비유(마 25:14-30)

1) <u>달란트 비유는 『천국은』(14절)으로 시작하기 때문에 천국 비유이다</u>.

➡ 이 비유에는 주인이 먼 나라로 떠나면서 종들에게 임무를 맡기는 모습과 다시 돌아온 후에 그 종들과 계산하는 모습이 나온다. 따라서 이 비유는 예수 그리스도께서 승천하시고 이후에 다시 오셔서(재림) 종들인 유대인들에게 어떻게 하시는가를 다루고 있다.

2) 이 비유의 핵심은 "종"들을 다루고 있다는 점이다.

➠ 이 종들은 청지기들로서 주인의 재산을 관리하는 임무를 맡는다. 재산을 잘못 관리한 게으른 종은 바깥 흑암에 던져져 울며 이를 갈게 되는데(30절), **이것은 신약 시대의 하나님의 종들을 다루는 방식과 다르다. 왜냐하면 신약 시대에는 하나님의 종이 일에 게을렀다고 해서 "지옥"에 가는 일이 없기 때문이다. 따라서 달란트의 비유는 교회 시대가 아닌 다른 경륜, 곧 그리스도의 지상 재림 직전에 유대인들이 그분을 섬길 "대환란 기간"에 적용된다**.

3) **종들은 "하나님의 집"을 맡은 청지기들이며, 이 집은 "이스라엘 집과 유다 집"을 의미한다(히 8:8)**.

➠ 달란트 비유의 종들은 이스라엘 백성을 인도하는 목자들인데, 주인은 그 종들에게 "자신의 재산"을 맡기고(14절), 재산 관리를 신실하게 수행한 종들에 대해서는 "그의 모든 재산을 다스리는 자들"로 세우고(마 24:47), 많은 것들을 다스리게 한다(21절). 그러므로 이 비유는 왕국이 임하기 직전, 즉 믿음과 행위로 구원받는 대환란 기간에 주님을 섬긴 유대인 종들을 그 집의 주인이신 예수 그리스도께서 재림하셔서 심판하시는 내용인 것이다.

2. 므나의 비유(눅 19:11-27)

『그들이 이 말씀을 듣고 있을 때 주께서 비유를 하나 더 들어 말씀하시더라. 이는 주께서 예루살렘에 가까이 계시므로 그 사람들은 하나님의 나라가 당장 나타나는 줄로 생각하고 있었기 때문이라』(눅 19:11).

1) 므나의 비유는 마태복음 25장의 달란트의 비유와 대비를 이룬다. 서로 비슷하면서도 똑같지는 않은데, 곧 달란트 비유는 "천국"을 다루고, 므나의 비유는 "하나님의 나라"를 다루고 있는 것이다.

2) 달란트 비유에서는 "세 명"의 종들이 등장하는 반면, 므나의 비유에는 "열 명"의 종들이 등장한다. "10"은 이방인의 숫자이기 때문에 므나의 비유는 "이방인들"에게 적용된다.

3) **달란트는 "유대인"의 무게 단위지만, 므나(pound)는 "이방인"의 무게 단위다**.

4) **달란트 비유에서는 각 종들이 각자 투자할 "서로 다른 양의 금액"을 받는 반면, 므나의 비유에서는 각 종들이 동일한 양의 액수인 "한 므나"를 받는다(13절)**.

5) 달란트 비유에서 무익한 종은 "지옥"에 가지만, 므나의 비유에서는 지옥에 가지 않는다. 그러므로 이 비유들은 유사한 내용이 있음에도 불구하고 분명 서로 다른 비유들인 것이다.

6) 므나의 비유는 『**어떤 귀인이 왕국을 받아서 돌아오려고 먼 나라에 가게 되었더라.**』(12절)라는 말씀으로 시작된다. 이 비유는 다음과 같이 대응시키고 적용할 수 있다.

(1) 『**어떤 귀인**』(12절)은 "예수 그리스도"이시다.

(2) 『**어떤 귀인이 왕국을 받아서 돌아오려고**』 간 『**먼 나라**』(12절)는 "하늘나라"이다.

(3) 『**종 열 명**』과 『**열 므나**』(13절)는 이방인(10)과 관련된 교회 시대에 적용된다.

(4) 각 종에게 동일하게 주신 『**한 므나**』(16,18,20절)는 "복음"에 적용할 수 있다. 참고로 달란트의 비유에서는 각각의 종들이 『**각자의 능력에 따라**』(마 25:15) 달란트를 받았다.

(5) 『**내가 올 때까지 장사하라.**』(13절)라는 말씀은 "장사처럼 열심히" 해야 할 "복음 전파"의 명령에 적용할 수 있다. 이 일에 대한 열매는 그리스도의 심판석에서 판단 받게 될 것이다. 비유에서 악한 종은 지옥에 가지 않으며, 그가 잃게 되는 것은 그리스도의 심판석에서처럼 "보상"이 전부다(24,25절).

(6) 어떤 귀인을 미워하여 그의 통치를 거부하는 『**그의 백성**』(14절)은 메시아를 거부한 "유대인들"(요 1:11; 15:24)이다. 귀인이 자기들을 통치하는 것을 원하지 않은 백성(유대인)은 죽게 된다(27절). 재림 때 예수 그리스도께서는 그분을 거부한 유대인들뿐 아니라 복음을 거절한 이방인들에 대해서도 심판을 행하신다(살후 1:8,9).

7) 각 종들의 장사 수준

(1) 그들이 장사한 수준은 요한복음 15장에 나오는 열매를 맺는 수준과 일치한다. 즉 『**열매**』(요 15:2)가 있고, 『**더 많은 열매**』(요 15:2)가 있으며, 『**많은 열매**』(요 15:5)가 있다.

(2) 이와는 다르게 씨 뿌리는 자의 비유에서는 30배, 60배, 100배로 나타난다(막 4:20).

(3) 첫 번째 종은 자신의 므나를 "열 므나"로 만들었고, 두 번째 종은 "다섯 므나"가 되게 했다. 이런 수순이라면 세 번째 종은 자신의 므나로 최소한 "두 므나"가 되게 했어야 했지만 그렇지 않았다.

달란트 비유와 므나의 비유에서 살펴본 것처럼, 마태복음의 천국 비유와 유사한 내용이 하나님의 나라의 비유에도 등장하기 때문에 천국과 하나님의 나라를 같은 것으로 여기는 경향이 있다. 그러나 물리적인 천국과 영적인 하나님의 나라는 서로 같지 않다. 마태복음 13장에는 『**천국의 신비들**』(마 13:11)에 관한 일곱 가지 비유가 나오는데, 그 일곱 가지 비유 중 오직 "세 개"만이 『**하나님의 나라의 신비들**』(막 4:11, 눅 8:10)의 비유들과 일치한다. 즉 씨 뿌리는 자의 비유와 겨자씨의 비유와 누룩의 비유가 그것인데, 이를 통해 알 수 있는 것은 두 왕국 사이에는 "몇 가지 유사점들"이 있다는 사실이다. 그래서 서로 중복되는 것처럼 보이는 부분이 있는 것이다. 그러나 서로 유사한 부분이 있다고 해서 그 둘이 같은 것은 아니다. 따라서 이와 같은 비유들을 다룰 때 명심해야 할 것은, "이 교회 시대에 '영적인 왕국'(하나님의 나라)의 형성과 진행에 영향을 미치는 문자적이고 '물리적인 왕국'(천국)에 관한 요소들이 있다."라는 점이다. 이것은 재림 때 "하나"(천년왕국)가 될 두 왕국 중 천국이 감춰지고 영적인 하나님의 나라가 이 교회 시대에 전파되기 때문에 일어나는 현상이다. 바로 이런 이유로 영적인 하나님의 나라에 관한 비유와 물리적인 천국에 관한 비유가 서로 중복되고 심지어 유사해 보이기까지 하는 것이다.

〈천국의 신비 - 7개〉 - 마태복음 13장 -	〈하나님의 나라의 신비 - 4개〉 - 마가복음 4장, 누가복음 8,13장 -
씨 뿌리는 자의 비유 (3-9,18-23절)	씨 뿌리는 자의 비유 (막 4:3-9,14-20, 눅 8:4-8,11-15)
밭의 독보리의 비유(24-30,36-43절)	×
겨자씨의 비유 (31,32절)	겨자씨의 비유 (막 4:30-32, 눅 13:18,19)

〈천국의 신비 - 7개〉 - 마태복음 13장 -	〈하나님의 나라의 신비 - 4개〉 - 마가복음 4장, 누가복음 8,13장 -
누룩의 비유(33절)	누룩의 비유(눅 13:20,21)
밭에 숨겨진 보물의 비유(44절)	×
진주 찾는 상인의 비유(45,46절)	×
그물의 비유(47-50절)	×
×	자라나는 씨앗의 비유(막 4:26-29)

대조를 이루는 유사한 비유들

1. 씨 뿌리는 자의 비유

➠ 마태복음 13:18-23(천국) vs. 마가복음 4:3-9,14-20, 누가복음 8:4-8,11-15 (하나님의 나라)

1) "씨 뿌리는 자의 비유"는 "세 복음서"에서 발견되는데, 누가복음에서는 마태복음과 달리 『**하나님의 나라의 신비들**』(눅 8:10)로 설명된다.

2) **이 비유가 세 복음서에서 나타나는 큰 차이점은 "씨"가 마태복음에서는 물리적인 천국과 관련된 『왕국의 말씀』(마 13:19)으로 해석되고, 마가복음에서는 『말씀』(막 4:15), 누가복음에서는 『하나님의 말씀』(눅 8:11)으로 해석된다는 데 있다**. 하나님의 나라에서 『**하나님의 말씀**』은 새로운 출생(벧전 1:23)을 얻게 함으로써 영적인 왕국(롬 14:17)인 하나님의 나라(요 3:3,5)로 들어가게 해 준다.

3) **마가복음과 누가복음의 비유에서는 마태복음과 달리 "새들"의 정체가 상세히 계시가 된다.**

■ 마가복음 4:4,15 - 『씨를 뿌렸는데 어떤 씨는 길가에 떨어지니, 공중의 새들이 와서 먹어 버렸고... 말씀이 길가에 뿌려졌다는 것은 이들을 두고 하는 말이니, 즉 말씀을 듣자, 곧 사탄이 와서 그들의 마음속에 뿌려진 말씀을 빼앗아 가는 자들이요』

■ 누가복음 8:5,12 - 『씨 뿌리는 사람이 씨를 뿌리러 나가서 뿌렸더니, 어떤 씨는 길가에 떨어지니 밟히기도 하고 공중의 새들이 먹어버렸고... 씨가 길가에 떨어졌다는 것은 그들이 들으나 마귀가 와서 그들의 마음에서 말씀을 빼앗아 가 버리므로 믿지도 구원받지도 못하는 자들이요』

(1) 마태복음에서는 단순히 『**악한 자**』(마 13:19)라고만 되어 있는 것이 마가복음과 누가복음에서는 각각 『**사탄**』과 『**마귀**』로 해석되고 있다.

(2) 성경에서 새들은 마귀들, 곧 더러운 영들을 상징하는데(마 13:32, 겔 31:13, 눅 13:19, 계 18:2), **이 비유에서는 말씀을 빼앗아가는 "공중의 새들"을 "마귀"와 "사탄"으로 단순화시키고 있다. 이 점은 "마귀들의 기원"이 "사탄" 그 자신임을 보여 주고 있는데, 말하자면 마귀들은 흔히들 오해하듯이 "타락한 천사들"이 아닌 것이다.** 주님께서 마태복음 12장에서 『① **사탄이** ② **사탄을 쫓아내면**』(26절)을 『① **비엘세붑을 힘입어** ② **마귀들을 쫓아낸다면**』(27절)으로 바꿔 표현하신 것 또한 이러한 설명을 보충해 준다.

4) 마가복음에서는 씨 뿌리는 자의 비유에 이어 "뿌린 씨와 그 성장에 관한 비유"를 제시함으로써 하나님의 나라와 관련하여 추가적인 설명을 덧붙이고 있다(막 4:26-29).

> 『또 말씀하시기를 "하나님의 나라는 이와 같으니, 마치 어떤 사람이 땅 속에 씨를 뿌려, 밤낮 자고 일어나고 하는 동안, 그 씨는 싹이 나고 자라나 어떻게 자랐는지 그가 모르는 것과 같으니라. 이는 땅이 저절로 열매를 냄이니 처음에는 싹이 나고, 그 다음에는 이삭이 패고, 그후에는 이삭에 낟알이 가득하게 되느니라. 그러나 열매가 익으면 그가 즉시 낫을 대나니, 이는 추수 때가 왔음이라."고 하시더라』(막 4:26-29).

(1) 뿌린 씨의 성장에 관한 비유는 **『좋은 씨』**(마 13:24)의 성장을 보여준다.

(2) "어떤 사람"(그리스도인)이 "땅속에"(세상에) "씨"(하나님의 말씀, 벧전 1:23)를 뿌리면, 그가 밤낮 자고 일어나고 하는 동안(시간이 흐르는 동안) 그 자신은 몰라도 그 말씀의 씨가 세상에서 저절로 싹이 나고 이삭이 패고 이삭에 낟알이 가득하게 되어 즉시 낫을 대서 추수할 수 있을 정도가 된다(구령).

(3) **이것은 세상에 복음의 씨가 뿌려졌을 때 우리가 모르는 사이에 열매가 저절로 맺혀 실제로 혼들을 구령하게 되는 일련의 과정을 보여준다.** 복음 전파자가 하나님의 말씀을 죄인의 마음에 뿌리다 보면, 어느새 하나님께서 그 씨앗으로 하여금 싹이 나고 자라게 하시고 열매를 맺게 해 주시는 것이다(고전 3:7). 구령자는 그 열매를 수확하는 추수꾼에 불과하므로, 모든 영광은 하나님께 돌려야 한다.

2. 겨자씨의 비유

➡ 마태복음 13:31,32(천국) vs. 마가복음 4:30-32, 누가복음 13:18,19(하나님의 나라)

1) "겨자씨의 비유"가 세 복음서에서 갖는 의미는 같다. **우선 "겨자씨"는 "믿음"을 상징하는데**(눅 17:6), 이 씨가 마태복음에서는 "밭"(세상)에 뿌려지고(마 13:31), 마가복음에서는 "땅"(earth, 세상)에 뿌려지며(막 4:31), 누가복음에서는 "정원"(한 무리의 주님의 사람들)에 뿌려진다는(눅 13:19) 점에서 서로 차이가 있다.

2) 겨자씨의 비유는 그 씨가 비정상적으로 자라서 공중의 새들(악령들)이 깃드는 큰 나무가 되었다는 점에서도 서로 일치하는데, 이 큰 나무는 다니엘 4장(적그리스도의 예표인 느부캇넷살의 꿈)과 에스겔 31장(적그리스도의 예표인 앗시리아인)에서 "적그리스도의 왕국"으로 해석된다. **큰 나무는 복음이 성장하고 온 땅을 채워서 세상 모든 사람이 그 피난처와 보호 아래로 들어오는 것과는 아무 상관이 없다**.

3) "겨자씨"는 "믿음"이다. 따라서 이 비유는 현 교회 시대에 ① 세상에서 ② 믿음을 가장하여 주님의 사람들을 속이면서 ③ 악령들로 가득한 종교적 괴물로 성장하는 로마카톨릭의 모습을 보여 준다(계 17:5,18; 18:2).

3. 누룩의 비유

➡ 마태복음 13:33(천국) vs. 누가복음 13:20,21(하나님의 나라)

1) 누룩의 비유는 두 복음서 모두에서 바로 앞의 "겨자씨의 비유"에 연속적으로 이어지는 비유이며, 해석과 설명이 서로 동일하다.

2) **교회는 누룩을 "첨가하라"는 명령을 받지 않았고 오히려 "그것을 떼어 내버리라"는 명령을 받았다(고전 5:7,8)**. 누룩(거짓 교리, 죄)을 숨겨 넣는 "여인"은 참된 교회가 절대로 교제할 수 없는 요한계시록의 창녀 "로마카톨릭"이며, 바로 그 여인이 기독교로 자처하는 세 분파(로마카톨릭, 그리스정교, 개신교)를 부패시키고 있다.

> 이 땅에서 그리스도의 몸이 직면할 휴거 직전의 미래 모습은 결코 부흥이나 개혁이 아니며, 완전하고 철저한 "배교"이다(계 3:15,16, 딤후 3:1-7, 딤전 4:1-3). 이러한 배교를 로마카톨릭이 주도하고 있음을 보여 주는 비유가 누룩의 비유이다.

4. 성대한 저녁의 비유

➠ 마태복음 22:1-14(천국) vs. 누가복음 14:15-24(하나님의 나라)

1) 『**하나님의 나라는 먹고 마시는 것이 아니라 다만 성령 안에서 의와 화평과 기쁨**』(롬 14:17)이지만, "천년왕국"에서는 영적인 왕국과 물리적인 왕국이 하나로 합쳐진 왕국으로 존재하기 때문에, 입에 넣는 것과는 아무런 관계가 없는 하나님의 나라에서도 빵을 먹을 수 있게 된다.

➠ 성대한 저녁의 비유는 주님과 함께 앉아 식사하는 사람들 중 하나가 "하나님의 나라에서 빵을 먹을 사람은 복이 있나이다."(눅 14:15)라고 말한 것에 대한 답변이었다.

2) 마태복음 22장의 "혼인 잔치의 비유"는 어린양의 혼인식 이후에 있을 잔치에 참여할 유대인들을 "초림"과 "대환란" 기간에 초청하고 모으는 일을 다루는 반면, 누가복음 14장의 성대한 저녁의 비유는 "교회 시대"에 "복음의 초청"에 반응하는 다양한 사람들을 다루고 있다.

➡ 성대한 저녁에 초청을 받은 사람들은 모두 하나같이 변명하기 시작하는데(18-20절), 이것은 우리가 복음을 전할 때 늘 직면하는 반응들이다.

3) 누가복음 14장의 비유에서는 마태복음과 달리 "혼인 잔치"라는 말이 나오지 않는다(8절에서 미리 언급됨). 마태복음 22장에서 신부와 신랑은 이미 혼인한 상태이고 손님들은 혼인 잔치에 초대를 받았지만, 누가복음에서는 손님들이 어떤 신부나 신랑이나 혼인 잔치에 대한 언급이 나오지 않는 『**성대한 저녁**』(16절)에 초대를 받는다.

➡ 그럼에도 불구하고 누가복음의 비유는 어린양의 혼인식의 저녁 식사에 적용되며, 그 식사에 참여할 사람들을 『억지로라도 오게 하여』(23절) 그 집을 채우라고 한 것은 하나님의 값없는 선물로(롬 5:18) 주어지는 신약의 구원을 보여 준다. 주님께서는 사람들을 『**성대한 저녁**』에 초대하시는데, 완전히 값없이 단 한 푼의 비용도 받지 않으시고 초청하시는 것이다. 율법이 아닌 예수 그리스도를 믿는 믿음으로 의롭게 되는 것은 『**다윗의 확실한 자비**』에 버금가는 은혜가 아닐 수 없다(행 13:34-39).

모든 시대의 의인들이 성대한 저녁 식사에 참여하게 될 것이다. 그들은 자리에 앉아 아브라함과 이삭과 야곱과 함께 하나님의 나라에서 빵을 먹게 될 것인데, 그 자리에는 D.L. 무디, 빌리 선데이, 샘 존스, 찰스 피니, 요한 웨슬리, 마틴 루터, 모세, 다윗, 바울, 베드로, 야고보, 요한, 피터 럭크만과 앞서간 성도들, 그리고 그룹들과 스랍들과 무수한 천사들(히 12:22)이 있을 것이다. 그곳에는 아버지 하나님과 아들 하나님과 성령 하나님께서도 계실 것이다. 당신은 그 성대한 식사에 참여할 수 있다는 확신이 있는가? 『**주 예수 그리스도를 믿으라. 그리하면 너와 네 집안이 구원을 받으리라**』(행 16:31).

■ 새롭게 깨달았거나 적용할 내용이 있다면 적어 보세요. ■

제6과
복습문제

1. 달란트의 비유는 (천국 , 하나님의 나라)의 비유이고 므나의 비유는 (천국 , 하나님의 나라)의 비유이다.

2. 므나의 비유에서 각 종이 받은 "한 므나"는 (   )을 상징한다.

3. 씨 뿌리는 자의 비유에서 공중의 새들은 더러운 영들을 상징하는데, 이 영들의 기원은 (사탄 , 타락한 천사들)이다.

4. 겨자씨의 비유에서 겨자씨는 (   )을 상징한다.

5. 누룩의 비유에서 가루 서 말에 누룩을 숨겨 넣는 여인은 요한계시록의 창녀인 (   )이다.

6. 성대한 저녁의 비유는 (   ) 때 있을 식사에 참여하는 것과 관련이 있다.

■ 복습 문제의 정답은 홈페이지(www.solomonbtc.org)에서 확인할 수 있습니다.

NOTES

NOTES

NOTES

< 추 천 도 서 >

일곱으로 일하시는 하나님

피터 S. 럭크만 지음 / 280쪽

9,500원(eBook 6,500원)

하나님께서는 일곱의 법칙에 따라 일하신다. 성경에는 일곱 신비, 일곱 부활, 일곱 침례, 일곱 심판이 나온다. 이 모든 것이 일곱 체계이다.

열린 성경 닫힌 마음

이송오 지음 / 216쪽

7,000원(eBook 4,900원)

이 책은 성경에 대해 닫혀 있는 눈과 마음을 뜨게 해 주어, 성경을 어떻게 올바로 나누어 볼지 알게 해 주며, 궁극적으로는 진리와 오류를 분별할 수 있도록 해 준다.

어떻게 성경을 가르칠 것인가

피터 S. 럭크만 지음 / 128쪽

3,500원(eBook 2,900원)

가르치는 사람이 성경에 기록된 그대로 믿지 않으면 성경을 올바로 가르칠 수 없다. 이 책은 모든 성경 교사들이 어떻게 성경을 가르쳐야 할지 그 자세와 지침을 주는 책이다.

세대적 진리

클라렌스 라킨 지음

322쪽 / 32,000원

이 책은 세대주의 연구의 기초가 되는 책으로 클라렌스 라킨의 역작이며, 성경을 연구하는 모든 그리스도인들의 필독서이다. 성경 전체의 예언을 꿰뚫는 거대한 스케일의 성경 연구가 담겨 있다.

솔로몬 성경공부 시리즈

세 대 주 의

성경의 신비들

초판1쇄 2021년 7월 9일
초판2쇄 2021년 9월 17일
지 은 이 / 편 집 부
발 행 인 / 이 송 오
발 행 처 / 말씀보존학회
출판등록 / 1988. 12. 12. 제16-223호
주 소 / 서울 강서우체국 사서함 제90호
전 화 / (02) 2665 - 3743
팩 스 / (02) 2665 - 3302
인 터 넷 / www.biblemaster.co.kr

잘못된 책은 바꿔 드립니다.

값 10,000 원